L'ARTE DI PASSARE ALL'AZIONE

Gregg Krech

L'ARTE DI PASSARE ALL'AZIONE

Lezioni di psicologia giapponese per smettere di rimandare

DEMETRA

Titolo originale: *The Art of Taking Action: Lessons from Japanese Psychology*
Testi: © 2014 by Gregg Krech.
L'autore è riconoscente a Trudy Boyle, Linda Anderson Krech, Jennifer Bucko Lamplough, Julie Guroff, Kate Manahan, Margaret McKenzie e al Donella Meadows Institute per aver gentilmente dato il loro consenso alla pubblicazione dei loro scritti in questo libro.

Per l'edizione italiana:
Traduzione: Roberta Zuppet
Editing: Claudia Sapegno
Redazione: Alessandra Pelagotti
Progetto grafico e impaginazione: Laura Casagrande

www.giunti.it

Via Bolognese 165 - 50139 Firenze - Italia
Piazza Virgilio 4 - 20123 Milano - Italia
Prima edizione: ottobre 2016
Prima ristampa: novembre 2017

FSC www.fsc.org
MISTO
Carta da fonti gestite in maniera responsabile
FSC® C115118

Stampato presso Elcograf SpA, stabilimento di Cles

Dedicato a mio padre
Ted A. Krech (1927-2014)

Ogni notte, quando ero bambino, mio padre usciva tra mezzanotte e l'una.
Lavorava per una panetteria all'ingrosso a Chicago.
Arrivava, caricava oltre cinquecento chili di prodotti da forno
su un furgone di sei metri e poi girava per la città consegnando pane,
ciambelle e panini a supermercati, gastronomie e ristoranti.
Cinquecento chili su, cinquecento chili giù.
Sei giorni la settimana per più di quarant'anni.
In alcuni periodi fece anche un secondo lavoro la domenica
per mandare avanti la famiglia.
Era, ed è tuttora, il mio più grande modello di impegno e dedizione.

Grazie, papà.

Questo libro fa al caso vostro?

Secondo le scritture zen esistono quattro tipi di cavallo. Il primo è il migliore. Obbedisce alla volontà del cavaliere prima ancora di vedere l'ombra della frusta. Il secondo reagisce non appena sente la sua voce o vede l'ombra della frusta. Il terzo si mette a correre quando avverte il dolore della frusta sulla pelle. Il quarto si muove solo quando il dolore gli penetra fin nel midollo delle ossa. Quando si tratta di passare all'azione, che tipo di cavallo siete?

Probabilmente è realistico ipotizzare che siate cavalli diversi in situazioni diverse. Forse siete eccellenti quando si tratta di lavare i piatti, ma molto recalcitranti all'idea di scrivere il romanzo che avete in mente. La maggior parte di noi, tuttavia, vorrebbe essere il cavallo migliore in qualunque circostanza. Non solo vogliamo compiere l'azione giusta al momento giusto, ma vogliamo anche eseguirla in modo consapevole, riconoscente, efficace e senza distrazioni.

Prima che continuiate a leggere, vorrei precisare che se vi comportate quasi sempre come il primo cavallo questo libro vi servirà a poco. Farete tesoro di qualche consiglio e probabilmente apprezzerete le idee qui esposte ma, se siete già al top della forma, avete la mia stima e la mia ammirazione più sincere.

Questo volume si rivolge soprattutto agli altri tre cavalli, in particolare agli ultimi due, quelli che provano dolore. È l'unico stimolo che la maggior parte delle volte li sprona a muoversi. Vi riconoscete in questa descrizione? Se sì, questo libro può offrirvi un'alternativa. Non spiega solo come fare di più e procrastinare di meno, ma parla anche di sogni, di passione, dei rischi che bisogna correre e della possibilità di dimenticare se stessi e di dissolversi nel momento. Insegna ad agire invece di parlare a vuoto, a provare gratitudine invece di lamentarsi e a essere meno noncuranti e più presenti.

Forse ora penserete che questo volume vi aiuterà a diventare uno dei "cavalli migliori". Beh... non è detto. Paradossalmente, è il quarto cavallo, quello che soffre di più, ad avere lo spirito più vero e il cuore più grande. Non è superbo né arrogante e ha compassione degli altri cavalli che lottano, perché la lotta è la costante della sua esistenza.

Non è necessario che diventiate cavalli eccellenti o anche solo buoni (dopotutto, non siete cavalli). Dovete solo comprendere come affrontare la vita: circostanze, emozioni, famiglia, difficoltà, sogni e delusioni. Dovete capire che cosa fare, quando farlo e come farlo al meglio delle vostre possibilità. Non avete nessuno che vi frusta da dietro. La vita è davanti a voi, in attesa della vostra prossima mossa.

"*La vita di tutti i giorni è come un nuovo film indicibilmente affascinante,*
di cui non si riesce a indovinare il finale. In esso mi ritrovo a ballare,
piangere, ridere, urlare, cantare, soffrire, divertirmi.
Dal profondo, tutto ciò alimenta ancora di più le fiamme della speranza.
La mia speranza non è il risultato di un'aspettativa
né l'aspettativa di un risultato.
La via della speranza è quella della grande natura, che trascende la causa
e l'effetto. La speranza stessa è luce e vita.
Ascoltatela mentre parla dalla mia anima:
«Vieni ora, con una mente attenta e sincera. Ti proteggerò.
Non temere la discesa nel fuoco e nell'acqua. Non temere alcun male».
Avanziamo, sbaragliando le difficoltà.
Procediamo, seguendo la via della speranza!

Haya Akegarasu

Sommario

Prefazione

Spesso associamo la filosofia e la religione orientale a pratiche contemplative come la meditazione (*zazen*) o l'autoriflessione (*naikan*), e ci ispiriamo alla forte vena mistica dell'Oriente per introdurre nella nostra vita discipline come lo yoga, la *mindfulness* (consapevolezza) o la calligrafia, ma esiste anche un ramo della saggezza orientale basato sull'azione. Tendiamo a trascurare questo aspetto forse perché consideriamo la nostra esistenza già molto frenetica, con troppi impegni da rispettare e troppo poco tempo per portarli a termine. I principi dell'azione che vengono dall'Estremo Oriente, tuttavia, sono diversi da quelli occidentali perché pongono l'accento su un sistema di valori fondato su concetti come il non attaccamento, lo scopo, la gratitudine, l'interdipendenza e la convivenza con la paura. Questi stessi principi svolgono un ruolo di primo piano nelle arti marziali (*aikido*, *kyudo*), nella psicologia (terapia Morita, Kaizen) e persino nella religione (buddhismo impegnato).

L'arte di passare all'azione non spiega solo come tenersi occupati o come cancellare via via le voci dalla lista delle cose da fare, ma insegna anche a scegliere a quali azioni dedicarsi e il modo in cui compierle, oltre che a sviluppare la personalità.

Nessuno incarna l'arte di passare all'azione più elegantemente del Mahatma Gandhi: in quanto padre del movimento della nonviolenza, egli ispirò milioni di persone a usare la resistenza non violenta come strumento di disobbedienza civile e di cambiamento. Fermandoci alle apparenze, potremmo giudicare i suoi metodi un esempio lampante di inazione. Non si corre. Non si combatte. Non ci si ribella. Non si collabora.

Eppure la sua filosofia scatenò un'autentica rivoluzione contro l'impero britannico, una delle più grandi potenze coloniali dell'epoca moderna. Gandhi, dal canto suo, era un uomo dall'enorme forza di volontà, con una marcata tendenza all'azione. Non predicò mai la passività né l'indifferenza alle vicende umane.

Molti biografi confermano che Gandhi era famoso per essere un uomo d'azione, ma lo descrivono anche come un fautore della spiritualità e della preghiera. Benché sia ricordato soprattutto per aver guidato la resistenza non violenta che alla fine liberò l'India dalla dominazione coloniale britannica, mostrò anche come sia possibile unire la pratica contemplativa all'azione.

Una pila di piatti sporchi

Circa trent'anni dopo la morte di Gandhi mi trasferii in un bilocale tinteggiato di fresco ad Alexandria, in Virginia (USA). Avevo ventidue anni ed ero pronto per sfidare il mondo. Era la prima volta che vivevo da solo: niente compagni di stanza, niente cani né genitori né fratelli. Potevo lasciare i calzini sporchi sul tavolo della sala da pranzo e restare sveglio fino a tardi a suonare la chitarra. Mi crogiolavo nella libertà della solitudine e di quello spazio tutto per me.

Una ventina di giorni dopo stavo preparando la cena quando mi accorsi di non avere più piatti puliti. Le stoviglie erano impilate nel lavello e, ormai da qualche tempo, aspettavano pazientemente di essere lavate. Così feci ciò che avrebbe fatto qualunque giovane scapolo con un briciolo di amor proprio. *Mi precipitai al minimarket per comprare dei piatti di carta.* La ragione per cui quelli di ceramica non erano stati lavati è un tantino misteriosa, dato che una lavastoviglie perfettamente funzionante occupava un piccolo spazio sotto il piano della cucina, non lontano dal lavello. Ma non avevo mai capito come convincerla ad allungarsi, prendere i piatti, accendersi e, al termine del lavaggio, riporre ordinatamente le stoviglie nel mobiletto...

Il mio ruolo, seppure indispensabile, era modesto. Non serviva molta forza né intelligenza. Non si trattava di un'operazione particolarmente complessa. Il tempo necessario era minimo. Nonostante questo mi ero dimostrato passivo, un uomo di *inazione*. Che cosa mi aveva impedito di passare all'azione, di fare ciò che andava fatto?

Non avevo evitato solo di lavare i piatti, ma anche di rispettare le scadenze lavorative, compilare la dichiarazione dei redditi, pagare le bollette, restituire i libri alla biblioteca e sbrigare quasi tutte le altre incombenze che non mi suscitavano emozioni positive.

Dieci anni dopo scoprii il lavoro di uno psichiatra giapponese che, oltre ad aiutarmi a inquadrare il mio problema di procrastinazione, mi insegnò una serie di strategie pratiche per darmi una mossa e passare all'azione anche quando non ne avevo voglia. Il dottor Shoma Morita (1874-1938) ha formulato un modello psicologico ora noto come "terapia Morita". Affondando le radici nello Zen e mutuando idee da una concezione orientale del mondo, si pone in netto contrasto con le scuole psicologiche europee a noi ben note.

Non molto tempo dopo, il giapponese Ishin Yoshimoto (1916-1988) propose un metodo di autoriflessione profonda ma con risvolti assai pratici. Veniva dal ramo contemplativo del buddhismo ed elaborò l'approccio del Naikan (introspezione), che dava risalto alla trasformazione personale attraverso l'autoesame e l'autoconsapevolezza.

Essendo interessato al buddhismo, rimasi affascinato da questi due metodi, e ormai studio e insegno gli strumenti della psicologia giapponese da ventotto anni. In questo libro illustrerò alcuni principi, idee e strategie che mi hanno aiutato nella sfera personale e che sono stati applicati dai miei colleghi del ToDo Institute nel corso di questi anni.

Ho scelto il titolo *L'arte di passare all'azione* per il mio libro perché, come in tutte le arti, possiamo migliorare solo esercitandoci. In altre parole, diventiamo abili nel passare all'azione solo passando all'azione.

Detto questo, che cosa dovete fare adesso?

Introduzione

“*L’azione è l’antidoto alla disperazione.*

Joan Baez

Vorrei parlarvi di una nuova, sorprendente scoperta psicologica, capace di ridurre l’incidenza e la gravità della depressione; l’esperienza conferma inoltre che, oltre ad aumentare l’autostima e a rafforzare la fiducia all’interno delle relazioni interpersonali, attenua sensibilmente l’ansia.

Non solo: diminuisce nettamente le perdite di tempo. Aiuta a raggiungere gli obiettivi e spesso è associata alla produttività, alla soddisfazione personale e alla responsabilità sociale.

Ulteriori studi indicano che, quando viene applicata al contesto familiare, le case tendono a essere più organizzate e le famiglie che le abitano meno disfunzionali.

Un’analisi dei modelli di linguaggio dimostra che scoraggia dal parlare dei problemi e piuttosto induce a compiere azioni costruttive per risolverli.

C’è solo qualche effetto collaterale. Molti di coloro che la sperimentano soffrono di un certo affaticamento, che di solito svanisce dopo una bella dormita. A questo si aggiungono ondate di felicità, gioia o appagamento quando si conclude un progetto o si risolve un problema. Nel tempo, anche questi sintomi tendono a sparire quando l’attenzione si sposta su un nuovo traguardo. Gli effetti collaterali più gravi sono forse l’arroganza, il senso di superiorità e la superbia che possono derivare dall’uso prolungato (esiste un antidoto, ma su questo torneremo più avanti).

Se questa scoperta fosse una compressa, otterrebbe subito l'approvazione del ministero della Sanità e spopolerebbe negli spot pubblicitari degli integratori in prima serata. Ma non è una compressa e nemmeno una forma inedita di terapia. Anzi, per usarla non è necessario rivolgersi al medico o allo psicologo.

La nuova scoperta è:

Passare all'azione:
fare ciò che va fatto,
quando va fatto,
a seconda delle circostanze.

Siete rimasti delusi? Forse avevate immaginato che la scoperta fosse un po' più misteriosa, che si basasse sui progressi della ricerca sul cervello oppure che emanasse dagli abissi della psiche cosmica.

Attenzione però a non sottovalutare l'importanza del *passare all'azione*. Generalmente la concezione psicologica classica trascura questo approccio, privilegiando la terapia della parola, l'autoanalisi, l'interpretazione dei sogni eccetera. Tuttavia la capacità di portare a termine le cose ha un immenso potere curativo. Se esaminiamo alcuni riconosciuti "eroi" del passato – persone come Madre Teresa, Martin Luther King, Benjamin Franklin, Eleanor Roosevelt, Albert Schweitzer e Albert Einstein – scopriamo che erano tutti estremamente abili nel passare all'azione. Anzi, che vengono ricordati e onorati proprio per ciò che fecero.

Ma ottemperare agli impegni è davvero indispensabile per una buona salute mentale? Per rispondere a questa domanda basta pensare ai disturbi provocati dall'abitudine contraria. Eccone qui un elenco.

- **Ansia** (*Come farò a chiudere in tempo questo progetto?*)
- **Depressione** (*Nell'ultimo anno non ho combinato nulla di importante.*)
- **Conflitti interpersonali** (*Lavori meno degli altri.*)
- **Perdita della fiducia altrui** (*Avevi promesso che te ne saresti occupato e non l'hai fatto. Sei inaffidabile.*)

- **Disturbi del sonno** (*Invece di dormire me ne sto qui a rimuginare su tutte le cose che devo fare.*)
- **Scarsa autostima** (*Non riesco a finire ciò che inizio. Sono una frana.*)
- **Rabbia** (*Ce l'ho con me stesso per non aver cominciato prima e aver aspettato l'ultimo momento.*)

Passare all'azione è una delle tecniche più importanti da padroneggiare se si desidera conservare la salute mentale, e nel corso della vita concluderete molto di più così che rimandando costantemente oppure lasciando le cose a metà. Inoltre individuerete nuovi scopi man mano che svolgerete i compiti che siete chiamati ad assolvere e, reagendo alla situazione – per esempio dando da mangiare a un uccellino affamato o innaffiando una pianta di pomodori rinsecchita –, troverete un posto nella ragnatela interdipendente della vita, una struttura di cui non siete il centro (un dettaglio facile da dimenticare) bensì un semplice partecipante. Le increspature del vostro intervento si estenderanno a tutto l'universo. Passando all'azione, vi unirete alla danza.

Sto forse cercando di convertirvi allo stacanovismo? O di convincervi a girare come trottole dalla mattina alla sera? Certo che no! A volte ciò che occorre fare è immergersi nella vasca da bagno, suonare il pianoforte o uscire per una passeggiata. Ogni tanto il "lavoro" (di solito questa parola si riferisce alle responsabilità professionali) va accantonato per dedicare tempo alla famiglia, e conseguire tutti gli obiettivi che ci si è prefissi per la giornata non equivale necessariamente ad avere una vita densa di significato.

Fate ciò che è davvero importante?
Reagite alle situazioni in modo opportuno?
Prestate attenzione alle vostre azioni?
Avete le idee chiare sul traguardo da raggiungere e sulle iniziative da prendere per arrivare alla meta?

Sopra ho dichiarato che passare all'azione è una "nuova" scoperta. Naturalmente non lo è. Anzi, è molto probabile che abbia preceduto la vita umana su questo pianeta. Però non è per niente facile trovare studi scientifici che attestino l'impatto di questa capacità sul benessere psicologico. Sono convinto, tuttavia, che la vostra esistenza diventerà più ricca, più gratificante e meno stressante se metterete in pratica i suggerimenti di questo libro.

Non solo concluderete di più ma, quel che è più importante, le vostre doti eccezionali sbocceranno e cresceranno perché possiate metterle a disposizione della famiglia, della comunità e del pianeta.

I lettori di questo volume hanno almeno due cose in comune: la nascita e la morte. Quando starete per morire, forse avrete la possibilità di riflettere sulla vostra vita e sull'eredità che lascerete. L'avete creata nelle ultime ventiquattr'ore. La state creando in questo preciso momento.

Che cosa resterà ai posteri? Quali tracce del vostro passaggio vi sopravviveranno? Quanti cuori e quante menti saranno toccate dalle vostre azioni? Sfruttate appieno questi istanti preziosi. Fate ciò che siete venuti a fare.

“*Svegliarsi ogni mattina è una rinascita.*
Addormentarsi ogni sera è come morire insieme al giorno.
Perché rinviamo il bene che vorremmo fare?
Perché tardiamo a pronunciare parole gentili, a dare incoraggiamento,
a scrivere una lettera, a prenderci cura di noi stessi?
Perché siamo riluttanti a prendere decisioni, a vivere la vita?
La procrastinazione è una malattia spaventosa e terribile.
Possiamo anche dire a noi stessi:
«Fallo subito», ma poi aspettiamo il “momento giusto”.
Non c'è bisogno di aspettare per vivere la vita.

W. Edward Harris

Sapere quale azione intraprendere

Come si fa a sapere quale azione intraprendere?

Quasi tutti i problemi rientrano in una di queste due categorie:

Sappiamo che cosa bisognerebbe fare e non lo facciamo.

Non abbiamo la più pallida idea di cosa fare.

La prima categoria è di gran lunga la più diffusa. Forse avreste bisogno di fare un po' di attività fisica, di smettere di fumare, di pulire l'appartamento o di coricarvi prima. In questo caso non c'è nulla di misterioso. Sapete che cosa dovreste fare e non lo fate.

Parlare di ciò che va fatto, esaminare le opzioni disponibili, elaborare un piano, andare da un terapista, rimuginare sulla vostra inazione: sono tutte strategie efficaci per *evitare* quello che sapete di dover fare.

La morale della favola è che conoscete le iniziative da prendere e non dovete far altro che prenderle!

La seconda categoria è un po' più insidiosa. Fareste meglio a rimanere nell'attuale posto di lavoro o ad accettare la nuova offerta in un'altra città? A portare avanti la nuova relazione o a interromperla prima di essere troppo coinvolti? A combattere il cancro con le cure tradizionali o con la medicina alternativa? I dilemmi di questo tipo non sono frequenti come quelli del primo gruppo, ma possono confondervi e lasciarvi prigionieri dell'indecisione. Anche se la vostra agenda è fitta di impegni, domandatevi: «Come faccio a sapere a quale azione dedicarmi?».

Perché? Perché essere indaffarati non significa necessariamente fare ciò che è importante, necessario o significativo. Anzi, una delle situazioni più ricorrenti è quella in cui ci troviamo a sbrigare molte faccende urgenti, mentre le più importanti o significative restano in sospeso o semplicemente cadono nel dimenticatoio perché siamo... "troppo impegnati".

Se il vostro problema più grande è sapere-cosa-fare-ma-evitare-di-farlo, la soluzione è semplice: *cominciate a farlo!*

Può anche darsi che siate alle prese con questa difficoltà da anni, il che spiegherebbe perché state leggendo questo libro, che vi darà le informazioni necessarie per convincervi a passare all'azione, ma non potrà prendere nessuna iniziativa al vostro posto.

La soluzione definitiva all'inazione è... passare all'azione. È insieme una capacità e un'abitudine: più la metterete in pratica, più diventerete bravi.

Ma prima dovete capire che cosa fare. Perciò torniamo a concentrarci sul quesito:

Come faccio a sapere quale azione intraprendere?

Prestate attenzione

Immaginate di guidare lungo una strada a traffico moderato.

Quando siete ormai in prossimità di un incrocio, scatta il giallo. Se siete abbastanza vicini, e a seconda della velocità e del comportamento dell'automobilista davanti a voi, potete scegliere di tirare dritto o di fermarvi. Se avete la patente da anni e una buona esperienza di guida, avrete preso questa decisione migliaia di volte, azzeccando sempre. E avete dovuto decidere in fretta, perché in questi casi non c'è il tempo di analizzare tutte le variabili e di valutare l'azione adeguata in ogni singola circostanza. È come se il vostro corpo sapesse cosa fare, e in effetti è così. Avete accumulato molta pratica.

Forse avete imparato dagli errori. Quel che è più importante, *avete prestato attenzione alla situazione*. È così che avete capito come agire.

Se vi sedete sul pavimento del salotto e vi guardate intorno per cinque minuti, probabilmente noterete diverse cose da fare: passare l'aspirapolvere, spolverare le mensole, lavare i vetri, riordinare i libri, ritinteggiare le pareti eccetera. Se avete molto tempo libero e poco da fare, iniziate a prestare attenzione all'ambiente circostante. Con ogni probabilità vi ritroverete ben presto con una lista interminabile. Oltre al salotto ci sono le altre stanze, l'automobile, il vostro corpo (la salute), i vestiti e il resto delle vostre cose. Il problema delle liste comprendenti solo voci di questo tipo è che sono fondamentalmente fini a se stesse e limitate alla piccola orbita personale di cui voi costituite il centro. Assolvere questi impegni vi permetterà di portare avanti la vostra vita e di continuare a svolgere le vostre mansioni, ma a quale scopo?

Dovete avere altro da fare, oltre a tenere puliti il bagno e l'auto, se volete trovare appagamento e significato nell'esistenza.

Il valore dell'*attenzione* si estende molto al di là delle liste di faccende domestiche. Quando mi accorgo che la mangiatoia per gli uccellini è vuota, è ora di riempirla. Quando vado a casa di un amico e mi soffermo su ciò che ha e che non ha, mi vengono delle idee per i suoi regali di compleanno. Quando gioco a basket, l'attenzione mi consente di stabilire quando effettuare un passaggio, quando tirare a canestro e quanto tempo resta da giocare. L'attenzione mi dice di sterzare quando vedo un bambino in bicicletta che sfreccia lungo un vialetto verso la strada.

Far caso al mondo circostante è una capacità inestimabile, finemente connessa a quella di passare all'azione. Se la usate e la perfezionate, coglierete un numero di dettagli sempre maggiore. Più elementi individuerete, e più capirete che cosa occorre fare.

Dunque il problema che affronterete, o che forse state già affrontando, è stabilire a quale azione dedicarvi **ORA**. Quando mi siedo a scrivere un saggio, scrivo e basta. La scelta da compiere è che cosa fare dopo ovvero, per essere più precisi, che cosa fare ora, perché in ogni momento in cui faccio qualcosa (e anche non fare niente equivale a fare qualcosa), **NON FACCIO** tutto il resto. È questo il dilemma della vita attiva.

Non possiamo fare tutto ciò che vorremmo o che dovremmo. Perciò ogni volta che scegliamo un'azione da compiere rinunciamo a tutte le altre.

Questa è l'arte della procrastinazione. Non è una cosa che dovete smettere di fare, bensì che dovete imparare a fare meglio. Facciamo A, e tutte le altre voci della lista, dalla B alla Z, sono messe da parte, almeno per il momento. Per questo è essenziale decidere cosa è importante e stabilire delle priorità. Del resto le fissate continuamente in base a ciò che fate e che non fate. Le vostre priorità riflettono ciò che è davvero importante? Sono coerenti con i vostri scopi?

Prestare attenzione al mondo intorno a noi può essere di stimolo e darci il coraggio di fare qualcosa, di prendere un'iniziativa che potrà rivelarsi utile e gratificante per noi e per coloro con i quali la condivideremo.

Qual è il vostro obiettivo?

Chiedersi: «Qual è il mio obiettivo?» è un ottimo modo per verificare se ciò che si sta facendo è davvero ciò che occorre fare. Ma state in guardia. Questa è una domanda pericolosa. Se la formulate mentre guardate la tv, navigate in Internet o leggete un romanzo d'amore, potreste avere fretta di trovare una giustificazione per quello che state facendo. Potreste rendervi conto che un'attività è poco utile e che ci sono molte altre cose assai più proficue e importanti. Può darsi che richiedano più fatica, che siano meno divertenti e magari anche più difficili e complesse, ma probabilmente sono più coerenti con uno scopo fruttuoso. Perciò forse è arrivato il momento di interrompere ciò che state facendo e di dedicarvi a qualcos'altro.

Più di vent'anni fa, quando scelsi la libera professione, creai uno studio tra le pareti domestiche. Il più delle volte mangiavo fuori, spesso solo per prendere una boccata d'aria. Ogni tanto ne approfittavo per sbrigare commissioni come fermarmi in farmacia o all'ufficio postale. Se si fanno queste cosucce durante la stessa uscita, si è un po' più efficienti e si risparmia tempo.

Puntualmente però passavo davanti a una libreria ed entravo a curiosare tra le novità. Oppure vedevo il cartello di una svendita al centro di giardinaggio e facevo una puntatina per comprare qualche fiore da piantare in giardino. E non c'era nulla di male nel passare qualche minuto in un caffè a sfogliare il giornale, o nel fare una sosta al negozio di biciclette o in panetteria. La pausa pranzo si trasformava così in un "pomeriggio pranzo".

"Curai" queste esplorazioni impulsive focalizzandomi sul mio obiettivo. Se quest'ultimo era mangiare un boccone e spedire la corrispondenza, tutto il resto era una distrazione. Librerie, panetterie e negozi di biciclette potevano aspettare la sera o le giornate libere. Perseguendo più fedelmente lo scopo, cominciai a capire che cosa andava fatto e che cosa no.

Vi state chiedendo che fine fa la spontaneità? La possibilità di abbandonarsi al momento e godersi la vita?

Sono un grande sostenitore della spontaneità, e anche della gioia e della flessibilità, ma la maggior parte di noi è più brava nella spontaneità che nell'autodisciplina. Troviamo abbastanza facile lasciarci distrarre e molto più difficile spostare l'interesse e la concentrazione su ciò che sappiamo di dover fare.

Non rinunciate alla spontaneità, dunque. E, per favore, non sacrificate la gioia e la flessibilità. Limitatevi a migliorare sul fronte dell'autodisciplina, un'abilità da coltivare se non si sa passare all'azione quando è necessario.

Riflettete sulla vostra vita

Siete mai stati protagonisti di un episodio in cui credevate di non aver fatto nulla di male o di fuori luogo ma poi, riflettendo meglio, vi siete resi conto di aver causato disagio o imbarazzo all'altra persona? Pian piano avete iniziato a provare rimorso o senso di colpa per la vostra condotta e avete deciso di chiedere scusa. Forse avete scritto un messaggio o alzato il telefono e chiamato l'interessato. Questo è un semplice esempio di come l'autoriflessione possa aiutarvi a capire che cosa sia necessario fare.

Molti di noi, tuttavia, hanno un'esistenza così frenetica da non avere il tempo di riflettere sulle proprie azioni. Passiamo da un impegno all'altro senza fermarci a valutare cosa conta davvero. L'entusiasmo però è un'arma a doppio taglio: ci induce a non mollare un progetto o un programma di allenamento, ma può anche renderci sordi a domande significative sulle nostre scelte, sui nostri comportamenti e sull'uso del tempo.

Qual è l'impatto delle mie azioni sul mondo circostante?
È davvero questa l'azione più importante che posso compiere in questo momento?
Le mie scelte sono coerenti con i miei obiettivi e valori più grandi?
Esiste un modo più efficace, o più gentile, per fare la stessa cosa?

I quesiti di questo genere richiedono autoriflessione, che ci permette di fermarci, fare un passo indietro e pensare a che cosa abbiamo fatto e alla meta da raggiungere. A volte una vacanza o un ritiro consentono di vedere la propria vita personale e lavorativa in un'ottica diversa. Potreste concludere che è ora di cambiare posto di lavoro o addirittura professione. O magari di trasferirvi. Di imparare a suonare il pianoforte.

La distanza aiuta a vedere la situazione più chiaramente e a decidere il da farsi. Apre nuove prospettive. È come creare un giardino, interrando una pianta dopo l'altra. Scavare, piantare, scavare, piantare. Ma a un certo punto è utile andare in fondo al giardino e darsi un'occhiata intorno. Osservare il quadro generale. Potreste notare qualcosa riguardo alla collocazione, all'esposizione solare o all'irrigazione, dettagli che non vedreste restando accovacciati a interrare la pianta successiva.

Il metodo di autoriflessione più efficace che abbiamo trovato si chiama Naikan e viene dal Giappone. È una pratica semplice, basata su tre domande:

1. *Che cosa ho ricevuto da…?*
2. *Che cosa ho dato a…?*
3. *Quali grattacapi e difficoltà ho causato a…?*

Il Naikan suscita spesso una maggiore gratitudine per ciò che si è ricevuto dagli altri, unita al desiderio naturale di ripagarli. Non di rado quest'ultimo impulso offre idee nuove e diverse su che cosa sia necessario fare. Il Naikan aumenta anche la consapevolezza dei problemi provocati dalla propria condotta, e di conseguenza si possono scoprire cose che sarebbe opportuno smettere di fare o fare diversamente.

L'autoriflessione è uno strumento importante per capire quale azione intraprendere. Finora abbiamo esaminato tre elementi fondamentali per decidere cosa fare (o cosa non fare).

1. Prestare attenzione
2. Conoscere l'obiettivo
3. Autoriflessione

Dobbiamo ora prendere in considerazione un altro fattore: la differenza tra urgenza e importanza.

Urgente o importante?

Imparare a suonare uno strumento musicale.
Studiare una lingua straniera.
Scrivere un libro.
Comporre poesie.
Scrivere lettere ad amici e familiari.
Fare testamento.
Leggere le fiabe ai propri figli.
Allenarsi.
Fare del volontariato.

Questi sono esempi di iniziative che alcuni potrebbero considerare importanti, ma non urgenti. Queste attività non impongono di rispettare particolari scadenze. Il capufficio non controllerà i vostri progressi ogni venerdì. Se non fate queste cose, continuerete ad avere l'elettricità in casa e non riceverete solleciti di pagamento.

Gli impegni urgenti sono così numerosi che possiamo passare dall'uno all'altro senza dedicare neppure un minuto ad attività molto importanti;

tuttavia, se pensiamo alla nostra mortalità, ci rendiamo conto che probabilmente rimpiangeremo di averle trascurate quando, alla fine, il tempo scadrà (per sempre!).

È dunque indispensabile ritagliarsi regolarmente qualche momento per le attività importanti che non sono necessariamente urgenti. Di solito ci riusciamo accantonando gli impegni meno proficui. Non ho mai sentito parlare di qualcuno che, in punto di morte, abbia detto: «Vorrei aver passato più tempo a guardare la tv o a leggere i post su Facebook».

Così abbiamo quattro fattori che possono aiutarci a rispondere alla domanda "Come faccio a sapere quale azione intraprendere?".

- Quando faccio caso all'ambiente e al mondo circostante, mi ispirano una particolare iniziativa? (*Prestare attenzione*).
- Qual è il mio obiettivo? A che cosa tengo di più? Quale eredità voglio lasciare? (*Obiettivo*).
- Quando faccio un passo indietro e rifletto sulla mia vita e sulle mie relazioni, individuo una certa azione da compiere? (*Autoriflessione/Naikan*).
- Che cosa conta veramente? Che cosa è davvero importante, e non solo urgente, in questo momento? (Differenza tra *urgente* e *importante*).

“*Un grave limite delle liste di cose da fare è che di solito vengono stilate in base all'urgenza.*
Prevedono compiti che richiedono un'attenzione immediata, alcuni dei quali essenziali e altri no; tuttavia il più delle volte non includono le cose importanti ma non urgenti, come la pianificazione a lungo termine e i progetti ambiziosi che vorreste realizzare ma che nessuno vi spinge ad attuare.

Edwin Bliss

Correre rischi

Quasi tutti abbiamo una vita volta a mantenere lo *status quo*. Continuiamo ad abitare nella stessa casa e a lavorare nello stesso ufficio. Dedichiamo il tempo libero agli stessi hobby. Magari passiamo persino le vacanze nello stesso posto ogni anno. Cerchiamo di riempirci l'esistenza con il "noto" ed evitiamo l'inaspettato. Così la vita smette di essere un'avventura in cui incontriamo e scopriamo il "nuovo". Questo atteggiamento abitudinario ci dà un'illusione di sicurezza e tranquillità.

Viviamo in una società che ci raccomanda continuamente di non correre rischi. I rischi sono negativi. Sono pericolosi. Risparmiate i soldi per le emergenze. Estendete la garanzia sul vostro acquisto. Non mettetevi alla guida quando piove. E non dimenticate l'assicurazione: sull'auto, sulla casa, sui viaggi aerei, sulla salute e naturalmente sulla vita.

La nostra cultura ci esorta ad andare sul sicuro, e in alcuni casi è una buona idea. Le cinture di sicurezza, il sesso protetto, il backup dell'hard disk e i caschi da ciclista sono tutte ottime precauzioni. Il problema nasce quando la sicurezza domina il vostro passaggio sulla terra e non lascia spazio ai rischi.

Riflessione, rischio e contributo: questi sono i tre pilastri di una vita densa di significato. Forse si può spiegare meglio l'idea con un'equazione:

riflessione + rischio = contributo

I contributi significativi sono perlopiù il risultato di un periodo di riflessione e di un cambiamento che implica un rischio.

Se esaminiamo la vita di molti personaggi illustri, notiamo spesso che ci sono stati uno o più momenti in cui hanno deciso di rinunciare alla sicurezza e alla stabilità per avventurarsi nell'ignoto e correre un rischio.

Uno di loro è Albert Schweitzer. A trent'anni era già un teologo e filosofo famoso, e ben presto sarebbe diventato anche un musicista celebre. Aveva davanti a sé un percorso prevedibile, con tanto di agi, prestigio sociale e notorietà. Poi venerdì 13 ottobre 1906 spedì alcune lettere ad amici e familiari annunciando la decisione di studiare medicina e di partire per l'Africa il prima possibile. Come gli era saltato in mente di cambiare lavoro e di trasferirsi nella giungla? I suoi cari cercarono di fargli cambiare idea obiettando che stava buttando via il successo e i risultati conseguiti per un'avventura assurda. Fu un momento traumatico per Schweitzer, ma nulla riuscì a dissuaderlo. Rispose semplicemente: «J'irai!» ('Andrò'). Come insegna Kierkegaard, «Osare crea ansia, ma non osare significa perdersi».

Di tanto in tanto faccio un passo indietro e rifletto sulla mia esistenza, e così facendo ho scoperto qualcosa di interessante:

Quasi tutto ciò che dà significato alla mia vita mi ha imposto di correre un rischio da moderato a grande.

- Trasferirmi nel Vermont e fondare il ToDo Institute.
- Lavorare con i piccoli profughi in Thailandia.
- Adottare due bambini asiatici.
- Lanciare una nuova rivista ("Thirty Thousand Days").

Ciascuna di queste iniziative mi ha costretto ad abbandonare la tranquillità e lo *status quo* e a fare un salto nel buio. Sono dovuto uscire dalla mia zona di sicurezza. Ho dovuto cimentarmi in qualcosa di cui avevo poca o nessuna esperienza. Ho dovuto avere fede.

Una volta Alex Haley, lo stimato autore di *Radici* (Rizzoli 1977), disse che non c'è nulla di più importante del rischio, e che andrebbe insegnato ai bambini che i grandi uomini della storia, proprio quegli stessi uomini che si studiano a scuola, il più delle volte sono diventati "grandi" perché hanno osato infrangere le regole, cercare una strada diversa invece che uniformarsi o subire il pensiero dominante o comune.

Così, mentre entrate nel prossimo anno della vostra vita, siete disposti a osare per scoprire e raggiungere il vostro scopo? Non esiste un modo sicuro per farlo. Se volete imparare a fare immersioni, prima o poi dovrete tuffarvi in acqua. Avete molta strada da fare. Il primo tentativo non riuscirà perfettamente, e nemmeno il secondo.

Abituatevi alla paura e all'ansia, perché con ogni probabilità vi accompagneranno in questa avventura. Ed è normale essere assaliti da fastidiose insicurezze. Quasi tutti hanno qualche dubbio quando affrontano qualcosa di nuovo.

Guardatevi anche dai progetti che implicano lunghe attese, quelli che rinviate a quando andrete in pensione o a quando i ragazzi inizieranno l'università. Non sappiamo neppure quale sarà la nostra situazione domani, figuriamoci tra cinque anni.

Il rischio più grande che possiate correre è non fare nulla pur sapendo di dover fare qualcosa. In questo momento non sembra grave ma, quando arriverete alla fine della vita e ripenserete con rimpianto a ciò che non avete fatto, sarà troppo tardi. Il tempo sarà scaduto.

Forse il prossimo anno della vostra esistenza dovrebbe essere accompagnato da un avvertimento:

L'inazione e la sicurezza possono nuocere al vostro scopo!

"*Ironicamente, coloro che vanno sul sicuro possono trovarsi in grave pericolo. Quando evitiamo di correre rischi, rimaniamo imprigionati nell'abitudine della sicurezza.*
Nel tempo restiamo intrappolati dentro la nostra vita, come una perla confinata nella conchiglia. L'esistenza diventa scontata e noiosa.
Proviamo risentimento verso noi stessi per aver permesso alle nostre grandi passioni di languire.
Diciamo a noi stessi che lì fuori deve esserci qualcosa di più, ma sappiamo che non lo troveremo mai a meno di non correre qualche rischio.

Bill Treasurer

La psicologia dell'azione dal Giappone

La terapia Morita

All'inizio del XX secolo lo psichiatra giapponese Shoma Morita (1874-1938) elaborò l'omonimo modello di psicologia. Basata sullo Zen e ispirata a una concezione orientale del mondo, la terapia Morita è un approccio che incoraggia l'azione. Esaminiamo i suoi quattro elementi fondamentali.

1. L'accettazione come cuore dell'azione

> “*Un monaco chiese al maestro Dongshan:*
> *«Il caldo e il freddo scendono su di noi. Come possiamo evitarli?».*
> *Dongshan rispose: «Perché non vai dove non fa né caldo né freddo?».*
> *Il monaco insistette: «E dov'è questo luogo dove non fa né caldo né freddo?».*
> *Dongshan disse: «Quando fa freddo, lascia che faccia così freddo da ucciderti. Quando fa caldo, lascia che faccia così caldo da ucciderti».*
>
> Shoma Morita

Generalmente, quando ci troviamo in condizioni sgradevoli, cerchiamo di manipolarle in modo che corrispondano alle nostre preferenze e ai nostri desideri. Se fa caldo, accendiamo l'aria condizionata in casa e in auto. Se è afoso, usiamo il deumidificatore. Se fa freddo, alziamo il riscaldamento fino ad avere un bel calduccio e non ci avventuriamo fuori a meno che non sia indispensabile. Facciamo del nostro meglio per modificare l'ambiente nel tentativo di renderlo il più confortevole possibile.

Quando ci ritroviamo in situazioni che ci provocano un disagio emotivo, proviamo subito a sottrarci a questa sensazione molesta come se fosse il caldo estivo o il freddo invernale, ricorrendo spesso a una di queste tre strategie: l'evitamento, la rassegnazione o la lamentela.

L'evitamento

Ovvero, cerchiamo di fuggire i nostri sentimenti e pensieri evitando ciò che ci crea fastidio e dedicandoci a ciò che ci fa stare bene, per esempio "tirandoci su" facendo un bagno rilassante, guardando la tv o recitando affermazioni di autostima. A prescindere dal metodo scelto, l'obiettivo, comune a molte forme di psicoterapia occidentale, è sostituire il disagio con il benessere. Vogliamo sentirci sereni, ottimisti e soddisfatti.

Quella dell'evitamento però è una strategia che non implica affatto l'accettazione, quanto piuttosto la resistenza. Resistiamo all'esperienza emotiva e investiamo energia e attenzione nel tentativo di calarci in un diverso stato d'animo. Purtroppo la resistenza alimenta una sorta di fastidio, e l'assillo dell'esperienza interiore (pensieri e sentimenti) tende a intensificare la sofferenza, distraendoci da attività che potrebbero dare scopo e significato alla vita.

La rassegnazione

A volte accettiamo il nostro stato emotivo senza svolgere alcuna azione. Questo tipo di accettazione si chiama, in realtà, rassegnazione. È ciò che accade quando la persona depressa si rende conto di essere tale, ma se ne sta sdraiata sul divano per tutto il pomeriggio, sprofondando nella malinconia. Il termine giapponese *akirame* descrive questo particolare tipo di approccio e lo differenzia dall'idea di accettazione sposata da Morita.

Nella rassegnazione non proviamo a sottrarci ai sentimenti, bensì ci limitiamo a languire in essi. Anziché fare un passo indietro e osservare le nostre emozioni, ci lasciamo travolgere. L'esperienza interiore determina la nostra condotta e la vita si trasforma in un giro sulle montagne russe, diventando un'immagine speculare delle nostre costanti fluttuazioni emotive.

La lamentela

In una torrida giornata estiva domandai a mia figlia, che all'epoca aveva sette anni: «Chi ha più caldo, una persona che si lamenta senza sosta del caldo per tutto il giorno o una che non si lamenta?».
«La prima», rispose senza esitazione.

La maggior parte di noi, persino i bambini, sa che lamentarsi non serve a nulla, ma si ostina a farlo. Anche quando accettiamo le circostanze controvoglia, cerchiamo comunque di resistere all'esperienza lamentandoci continuamente. Forse ci rassegniamo al caldo e facciamo il nostro lavoro, ma l'esperienza è scandita da lamentele su lamentele, che rammentano agli altri quanto siamo infastiditi e a noi stessi quanto vorremmo che le cose andassero diversamente.

> “*Per quanto possa sembrare paradossale,*
> *l'abitudine di lamentarsi accresce la sofferenza dei pazienti.*
> *Più dettagliatamente descrivono le lamentele,*
> *e più concentrano l'attenzione su di esse.*
>
> Shoma Morita

L'*arugamama*

Questa è la parola che Morita usava per designare lo stato dell'accettazione. Significa "prendere le cose come sono" e forse ricorda da vicino il consiglio di Dongshan nel *kōan* zen citato sopra. Quando abbiamo caldo, dobbiamo permettere a noi stessi di avere caldo. Quando siamo ansiosi, dobbiamo permettere a noi stessi di provare ansia. Quando siamo depressi, dobbiamo consentire a noi stessi di sentirci depressi e disperati.

L'*arugamama* è uno stato in cui *non tentiamo di fuggire dall'esperienza emotiva*. Non cerchiamo uno stato emotivo o cognitivo diverso da quello in cui siamo in quel momento, tuttavia continuiamo a dedicarci a ciò che per noi è importante. Perseguiamo i nostri obiettivi di vita perché sono quelli che conferiscono significato all'esistenza. Nell'*arugamama* riconosciamo la qualità della non resistenza, simile a quella insegnata da molte arti marziali: quando l'avversario è più robusto o più forte, la resistenza diretta è inefficace, così impariamo a sfruttare la sua energia contro di lui. Con la non resistenza una persona minuta può sconfiggerne una grande e grossa. Con la non resistenza un individuo dalla volontà debole può sconfiggere l'ansia o la depressione.

Non è necessario sgominare o sopraffare la depressione. La accettiamo senza provare a scappare e la invitiamo a stare con noi mentre prepariamo la cena, facciamo la spesa o portiamo a spasso il cane. L'ansia è al nostro fianco mentre facciamo la nostra presentazione davanti a una sala affollata.

La maggior parte delle incombenze e delle difficoltà che affrontiamo stimola i processi mentali ed emotivi. Paura, ansia, noia, frustrazione e pessimismo ci seguono a ogni passo. Naturalmente idealizziamo spesso quella che dovrebbe essere la nostra esperienza interiore.

Non dovrei essere così preoccupato per l'esame.
Non dovrei prendermela così tanto per il feedback che ho ricevuto.

Quando restiamo impigliati nella concezione idealizzata di come dovremmo sentirci, non riusciamo ad accettare le cose come sono. È come se il monaco dicesse: «Non dovrebbe fare così caldo. È già settembre». In questo istante, però, *fa* caldo. Fa il caldo che fa. Perciò per praticare l'*arugamama* dobbiamo permettere al caldo di "ucciderci". Non significa che dobbiamo morire nel senso letterale del termine, bensì che dobbiamo lasciarci "consumare" dal caldo al punto di diventare tutt'uno con esso. Niente resistenza, niente lamentele né tentativi di fuga. La maestra buddhista Pema Chödrön ha scritto *Senza via di scampo* (Feltrinelli 2010): che titolo (e che libro) meraviglioso!

A un certo punto della mia vita mi trovai di fronte a un grosso dilemma. Con una serie di decisioni stupide avevo creato una situazione che avrebbe procurato molta sofferenza a qualcun altro e a me stesso, a prescindere dalla scelta che avrei fatto. Per mesi mi rifiutai di accettare la realtà e cercai in tutti i modi una via d'uscita, una scappatoia che fosse priva di ansia e di disagio, ma invano. La mia mente brillante, che in passato non mi aveva quasi mai deluso, fece cilecca. Qualunque cosa avessi fatto, avrei inflitto a me stesso e ad altri un grande dolore. Così rimasi paralizzato, intrappolato nell'inazione e nel rimuginio incessante.

Poi un giorno capii: *la sofferenza era inevitabile. Non c'erano vie di scampo.* Accettai questa premessa non solo a livello teorico, ma con tutto il mio essere. Non esistevano scappatoie! Quando me ne resi conto, passai all'azione. Feci il passo successivo e naturalmente ne derivarono dolore e sofferenza, ma ero riuscito ad accettare la situazione così com'era. Avrei dovuto convivere con il karma che avevo generato, ma la vita doveva continuare, doveva andare avanti. L'*arugamama* ci permette di voltare pagina perché siamo "consumati" dal caldo, consumati dalle "cose così come sono". Solo quando smettiamo di provare a fuggire dalle circostanze "così come sono" possiamo andare avanti e vivere in modo più naturale e significativo.

Generalmente riteniamo che l'accettazione sia il contrario dell'azione, ma secondo Morita sono strettamente legate. Anzi, potremmo dire che l'accettazione, sia della condizione umana interiore che delle condizioni esterne, è il cuore stesso dell'azione.

II. La natura incontrollabile dei pensieri e dei sentimenti

Tra i principi cardine della terapia Morita figura la convinzione che l'esperienza interiore (sentimenti e pensieri) sia fondamentalmente incontrollabile da parte della volontà.

Se cadiamo in preda all'ansia prima di un colloquio di lavoro, non possiamo costringerci a essere rilassati e disinvolti. Se compilare la dichiarazione dei redditi è frustrante e noioso, non possiamo schioccare le dita e trovarla di colpo entusiasmante. La preoccupazione emerge nonostante il desiderio di evitarla. L'apprensione si manifesta sotto forma di pugno allo stomaco, palmi sudati o groppi in gola. Se siamo depressi, ci sentiamo dire di "tirarci su" o di "pensare positivo", ma scopriamo che queste strategie sono spesso inefficaci. I pensieri, infatti, hanno una mente tutta loro. Vanno e vengono come preferiscono, e anche i sentimenti affiorano in maniera naturale e spontanea.

Sentiamo una nuova canzone e siamo contenti di ascoltarla. Conosciamo qualcuno a una festa e proviamo attrazione. La realtà è che, secondo uno studio dell'università di Princeton, reagiamo ai volti umani in modo così rapido e istintivo (meno di un secondo) che la mente razionale non ha il tempo di condizionare la reazione.

“*Ostinarsi a voler controllare l'io emotivo con tentativi di manipolazione è come provare a decidere il numero uscente in un lancio di dadi o a far risalire le acque del fiume Kamo verso la sorgente. Di sicuro finiamo per aggravare l'agonia e cadere vittime di un dolore insopportabile perché non siamo riusciti a manipolare le nostre emozioni.*

Shoma Morita

Chiunque abbia meditato per lunghi periodi sa bene quanto la mente possa essere "irrequieta". Durante la meditazione la osserviamo schiudersi attimo dopo attimo, perciò prendiamo dimestichezza con tale processo, che tuttavia non risulta differente in assenza di meditazione.

“*... un individuo ossessionato dal desiderio di sentimenti perfetti cerca di sentirsi pieno di vitalità in ogni istante.*
In realtà, le emozioni quotidiane fluiscono e mutano naturalmente, come il clima, a seconda delle condizioni interiori ed esterne.
Un soggetto che si ostina a sentirsi pieno di vitalità è come una persona che spera sempre in un cielo limpido.
Non appena vede una nuvola, dà per scontato che il tempo sarà terribile per tutto il giorno.
Quando è un tantino fuori fase, dice a se stessa che sta male e si sente ancora peggio.

Takahisa Kora

Mia moglie gestiva un centro di riabilitazione psichiatrica per malati mentali. Un giorno facemmo un esperimento. Invitammo i pazienti a uscire per un picnic durante il quale avremmo parlato sinceramente dei "pensieri folli nella nostra testa". Intorno ai tavoli si riunirono circa otto persone.

Cominciai io, raccontando una storia vera sul giorno in cui avevo guidato verso sud su un'autostrada a due corsie nel Vermont, a una trentina di chilometri da casa. Era tardo pomeriggio e, mentre viaggiavo, avevo notato un veicolo diretto a nord con i fari accesi e avevo pensato: «Se giro il volante anche solo di cinque centimetri, potrei morire nel giro di qualche secondo».

Osservai le loro espressioni. Alcuni parevano sorpresi, se non addirittura scioccati, che avessi avuto un'idea come quella.

«Che cosa è successo poi?» chiese un trentenne schizofrenico.

«Beh, ho preso atto del pensiero e ho continuato a guidare verso casa» risposi.

Per i pazienti, quel pensiero era un "sintomo", qualcosa di preoccupante, e forse mi sarei dovuto rivolgere a uno psicologo. I malati mentali si sorprendono spesso quando scoprono che gli altri hanno periodicamente pensieri "folli". Abbiamo tutti pensieri sessuali, adulteri, suicidi, meschini, vendicativi, grandiosi e molti altri che hanno poco, o nulla, a che vedere con la realtà in cui siamo immersi.

Il lavoro di Morita ci dona grande sollievo quando iniziamo a vedere questi pensieri come *eventi che ci succedono*, al pari della pioggia che cade o di una raffica di vento che soffia in giardino.

Generalmente ci sentiamo ripetere che questi pensieri sono "cattivi" e che dobbiamo evitarli, ma lo sforzo di aggirarli richiede un'enorme quantità di energia, e non di rado ci rendiamo conto che, pur riuscendo a spostare consapevolmente i pensieri in un dato momento, abbiamo poco o nessun controllo su quelli che si affacceranno alla nostra mente nell'istante successivo.

Anche il pensiero: «Non dovrei pensare certe cose sugli altri. Dovrei essere più benevolo verso il prossimo» è incontrollabile quando prende forma per la prima volta.

La premessa di Morita, secondo cui pensieri e sentimenti sono perlopiù incontrollabili, porta con sé questi consigli:

Accettate i pensieri e i sentimenti.

Anziché lottare contro ciò che avviene nella vostra mente, accettatelo.

III. Azione e intenzione

Consideriamo questi due elementi dal punto di vista della terapia Morita. Che cos'è un'INTENZIONE?

In questo momento sono seduto sulla veranda del ToDo Institute nel Vermont e intendo alzarmi per andare a prendere qualcosa da bere.

L'intenzione non è altro che un pensiero: la mia mente è attraversata dall'idea "credo che andrò in cucina a prendere una bibita fresca" e forse provo anche una vaga *sensazione* di sete ma, se mi osservaste in questo istante, non capireste che ho sete né che sto meditando di bere qualcosa. Mi vedreste semplicemente fissare lo schermo del portatile e digitare qualche parola di tanto in tanto.

L'intenzione è molto personale e privata. Non si vede e probabilmente non ha effetti sul mondo circostante. Il pensiero "vado a prendere da bere" potrebbe benissimo essere seguito da altre riflessioni riguardo a ciò che sto scrivendo, alla mosca che mi si è posata sul polso o a quanto è dolce il mio cane che sonnecchia, nessuna delle quali può essere considerata un'intenzione.

A distinguere un pensiero intenzionale dagli altri è il fatto di contenere l'idea di un'azione futura. Si noti che ho scritto *l'idea* di un'azione futura.

Supponete ora che mi alzi per andare a prendere una bibita (non l'ho ancora fatto, ma ci sto pensando anche in questo momento). Sono impegnato in un'azione. Il mio corpo si muove. Al suo interno si verificano cambiamenti cinestesici, chimici ed elettrici. Il cane si è accorto del mio movimento, perciò ho avuto un certo impatto sul mondo. Camminando, provoco attrito ed erosione sul legno sotto i miei piedi. Forse uccido persino degli esseri viventi (insetti) mentre mi sposto da un punto all'altro. Se mi guardaste, probabilmente non sapreste dove sono diretto, ma sapreste che sto camminando. La mia azione è diventata un fatto osservabile che ha ripercussioni innegabili sull'ambiente.

Nella terapia Morita è molto importante distinguere tra pensieri (compresi quelli intenzionali) e azioni.

Tra i due c'è una differenza abissale, simile a quella tra la fotografia di una crostata ai mirtilli e una vera crostata ai mirtilli. Personalmente, preferirei anche solo una piccola forchettata di torta alla foto, per quanto bella, di un dolce intero. Non ho nulla in contrario alle buone intenzioni, ma prediligerei un piccolo gesto compassionevole a un mare di idee sulla gentilezza. Non è comunque detto che un'intenzione sfoci in un'azione, e il 92 per cento (o più) di noi lo sa per esperienza. Basti pensare ai propositi per l'anno nuovo.

Non sto dicendo che le intenzioni siano prive di valore. In alcuni casi precorrono le azioni, se non addirittura i gesti nobili o altruisti, ma in molte circostanze non è così. Le intenzioni possono condizionare le modalità di azione, benché l'influenza delle azioni sulle intenzioni possa essere più decisiva.

Dobbiamo abbandonare l'idea che le intenzioni, anche quelle particolarmente salde, chiare e significative, conducano all'azione.

IV. Che cosa spinge all'azione?

Domanda da un milione di dollari! Se agissimo ogni volta che abbiamo un pensiero intenzionale, ce la caveremmo alla grande!

Beh, forse non è del tutto vero: ci sono occasioni in cui abbiamo un pensiero intenzionale e la mancanza di azione gioca a nostro favore. Immaginate di essere sposati ma di conoscere una donna attraente a una conferenza. Nella vostra mente passano molti pensieri intenzionali:

La chiamo in camera e la invito a cena.
Le propongo di andare in un locale domani sera.
Le dico che sono molto attratto da lei.

In realtà non mettete in pratica nessuno di questi pensieri, salvando così il vostro matrimonio. Non abbiamo bisogno di una pillola magica che ci aiuti ad agire in base ai pensieri, bensì della capacità di scegliere se agire oppure no a seconda dello scopo. Se l'obiettivo è avere un corpo sano, dobbiamo fare scelte salutari e prendere abitudini che favoriscano il benessere fisico e mentale.

Secondo alcune pubblicazioni tendiamo a ricompensare noi stessi quando compiamo l'azione che sappiamo di dover compiere: «Se medito ogni mattina per una settimana, mi premierò regalandomi un massaggio».

Ogni tanto questo metodo funziona, ma non serve a rafforzare l'autodisciplina né ci è di aiuto quando dobbiamo adottare una strategia orientata all'obiettivo. Lo stesso vale quando ci infliggiamo ricompense negative (punizioni) in caso di fallimento.

**Ciò di cui abbiamo davvero bisogno
è un approccio naturale che ci permetta di passare all'azione
tenendo conto delle circostanze.**

La terapia Morita è una tecnica magnifica che ci aiuta a ridurre i pretesti, le giustificazioni e le frottole sul perché non facciamo ciò che dovremmo fare. È un metodo responsabilizzante che ci offre delle alternative per affrontare le difficoltà anziché reagire semplicemente al nostro stato emotivo.

Il Kaizen

"*Un viaggio di mille miglia comincia con il primo passo.*

Lao Tzu

Nel giugno del 2006 morì Harriet, una tartaruga gigante, alla veneranda età di 176 anni. Si diceva che fosse uno degli esemplari raccolti da Darwin durante l'esplorazione delle Galápagos. Era una testuggine a cupola che viveva su un'isola abbastanza umida, dove era facile trovare erba da mangiare. Harriet aveva delle cugine dette "testuggini dal dorso a sella", i cui gusci si svilupparono in modo che gli animali potessero allungare il collo verso l'alto e nutrirsi di rametti e foglie basse. Questa evoluzione si rese necessaria perché il clima delle isole su cui vivevano era molto più asciutto e l'erba rara. L'adattamento non avvenne dall'oggi al domani, richiese milioni di anni, un arco di tempo così lungo da non poter essere adattato ai cambiamenti nella nostra vita.

È però vero che vogliamo perdere dieci chili non nel giro di un anno, ma di un mese. Vogliamo conoscere qualcuno di cui innamorarci e con cui avere una splendida relazione romantica non chissà quando nei prossimi venticinque anni, ma nelle prossime settimane. Vogliamo diventare bravi in un'arte marziale, in una lingua straniera o nella pittura ad acquerello, ma i risultati devono arrivare presto, perché la nostra mente non sopporta l'idea dell'apprendimento e del mutamento graduale. Tuttavia, il principio generale del "gradualismo" darwiniano – trasformazioni incrementali nel tempo – può forse infondere un po' di speranza a coloro che cercano invano di apportare drastici cambiamenti alle proprie abitudini o al proprio stile di vita.

Il 92 per cento circa delle persone che fanno dei propositi per l'anno nuovo non li mantiene. Così, se anche voi avete avuto l'intenzione chiara e salutare di fare qualcosa e non avete rispettato l'impegno, siete in buona compagnia. Purtroppo la nostra mente irrequieta fa a pugni con le leggi naturali dell'universo. Il cambiamento è la regola, non l'eccezione, ma il più delle volte avviene piano piano, nel corso del tempo. Accade di rado che facciamo un grosso salto dal punto A al punto B in una settimana o in un mese. Molte delle trasformazioni che riguardano il nostro comportamento sono così graduali che non ce ne accorgiamo nemmeno, come una madre può non notare quanto il suo bambino sia cresciuto nell'ultimo anno.

Il miglioramento continuo

In Giappone esiste la pratica economica del Kaizen, una parola generica che significa "cambiare in meglio", ma che di solito designa un programma di sviluppo aziendale basato sul "miglioramento continuo". Questo approccio nacque nell'America della Grande depressione e fu importato in Giappone quando gli Stati Uniti cercarono di incoraggiare la ricostruzione del paese dopo la Seconda guerra mondiale. Uno dei principali sostenitori del Kaizen fu W. Edwards Deming, incaricato di fare da consulente sulla produttività e sull'efficienza del Giappone. Nel contesto aziendale, tra gli elementi principali del Kaizen si annoverano il miglioramento continuo, la partecipazione dei lavoratori e un approccio umanizzato all'aumento della produttività.

Lo psicologo Robert Maurer ha esaminato i principi del Kaizen applicati al cambiamento personale nel suo libro *Un piccolo passo può cambiarti la vita* (Vallardi 2013). La strategia di base è iniziare con un piccolissimo cambiamento e poi ampliarlo fino a ottenere un progresso significativo. Più piccoli sono i cambiamenti, meno sono faticosi e minore è la paura di fallire o di non esserne soddisfatti, ma la loro portata sarà enorme: ogni cambiamento crea da subito un precedente e quindi una nuova abitudine permanente.

La strategia Kaizen va oltre il semplice "esserci" perché chiede di compiere azioni concrete. Queste ultime, tuttavia, sono minime.

Ipotizzate di dover rimettere in sesto il giardino. Il primo passo potrebbe essere uscire, estirpare un'erbaccia e piantare una pianta di pomodori. Sembra insignificante... ed è proprio questo il punto. Iniziate da azioni così piccole e insulse da non suscitare alcuna resistenza e da non avere ragioni per rimandare o eludere il compito. Il Kaizen, però, ruota intorno al miglioramento continuo, perciò l'indomani potreste strappare tre erbacce e piantare due piante. Nel giro di qualche settimana il giardino cambierà volto.

Il Kaizen prescrive di apportare cambiamenti nel tempo. È la versione personale della teoria darwiniana dell'evoluzione, il modo in cui accumuliamo risparmi e interessi sul conto corrente. È emozionante vincere alla lotteria o fare un "colpaccio" in borsa. Molti di noi aspirano a questo tipo di successo quando vogliono dimagrire, scrivere un libro o imparare a suonare uno strumento ma, se osservate la natura, noterete che i mutamenti sono quasi sempre incrementali. Le piante perenni estendono il proprio territorio di qualche centimetro ogni primavera, e i rami dei sempreverdi si allungano un pochino ogni anno. E poi c'è la tartaruga che, secondo la favola, partì svantaggiata nella gara con la lepre. I suoi piccoli passi sono di una lentezza estenuante, uno dopo l'altro, senza velocità, senza volate né scatti. Passi piccoli, ma costanti e regolari, che la portano al traguardo. E forse la lentezza e la pazienza della tartaruga spiegano la sua longevità: ben 176 anni per la vecchia Harriet.

La vita si rifiuta di restare sempre uguale. Le persone si vedono spuntare i capelli bianchi o addirittura restano calve. I cuccioli crescono. Il legno marcisce. I pianoforti si scordano e il metallo arrugginisce. Il cambiamento è la regola, ma non la trasformazione veloce, immediata e radicale. I vulcani e i terremoti ci rammentano che la natura può fare eccezioni a qualunque regola, ma per noi il mutamento consapevole può richiedere alcuni semplici accorgimenti di base: avere un obiettivo chiaro, essere presenti, procedere a piccoli passi, ripetere questa formula ogni giorno ed essere pazienti.

Il Naikan

L'ultimo elemento del nostro terzetto psicologico è il Naikan, una parola che significa "introspezione" e che indica un metodo di autoriflessione proveniente dal buddhismo Shin giapponese. Fu ideato da Yoshimoto Ishin (1916-1988), uomo d'affari e buddhista devoto che voleva proporre una tecnica di autoriflessione accessibile a tutti nella quotidianità.

Il Naikan prevede una strategia sistematica per la riflessione su noi stessi e sulle nostre relazioni, utile per apprezzare le attenzioni e il sostegno che riceviamo dagli altri e che spesso diamo per scontati nel corso di una giornata qualunque. Aumenta inoltre la consapevolezza dell'impatto che la nostra vita ha sull'ambiente circostante. In sostanza, riusciamo a vedere noi stessi dalla prospettiva del mondo anziché dalla nostra. Come abbiamo visto, il metodo Naikan è relativamente semplice. Si basa su tre domande:

1. *Che cosa ho ricevuto da...?*
2. *Che cosa ho dato a...?*
3. *Quali preoccupazioni e difficoltà ho causato a...?*

Questi interrogativi formano come una cornice entro cui racchiudere la nostra riflessione su genitori, amici, insegnanti, fratelli, colleghi, figli e partner. La valutazione avviene scegliendo un determinato periodo di tempo, che può essere breve (un giorno) oppure lungo (tre o quattro anni), per rispondere a questi quesiti.

Generalmente consideriamo l'autoriflessione o l'introspezione l'esatto contrario dell'azione. Quando scoprii il Naikan non mi soffermai sul suo legame con il tema dell'azione nella mia vita, ma oggi credo che sia molto importante per la sua influenza sulle iniziative che scegliamo di prendere e su come le attuiamo nei confronti degli altri.

Analizziamo la storia di un giovane che sta per diplomarsi, ma che nell'ultimo semestre compie una scelta così stupida e sconsiderata da rischiare di non essere ammesso alla maturità e di non poter andare all'università. Un insegnante che negli ultimi anni è stato per lui come una guida decide di intervenire. Il suo appoggio permette al ragazzo di rimediare al guaio che ha causato e di evitare conseguenze gravi. Lo studente è allo stesso tempo sollevato e riconoscente e, dopo gli esami, scrive a se stesso una lettera in cui descrive la gentilezza dell'insegnante e spiega come il suo intervento gli abbia consentito di diplomarsi. Quindi va all'università e in quattro anni si laurea. Infine torna a casa. Una mattina d'estate beve una tazza di caffè e stila una lista delle cose da fare quel giorno. Ha delle commissioni da sbrigare, alcuni oggetti da comprare, vecchi amici da chiamare eccetera. Sua madre gli ha chiesto di svuotare una scatola di documenti delle superiori custodita nel ripostiglio al piano di sopra. Il giovane dà una rapida occhiata al contenuto e si imbatte nella lettera che si è scritto anni prima, che gli provoca emozioni molto intense e gli fa rendere conto di aver perso i contatti con l'insegnante. Così decide di provare a rintracciarlo e di invitarlo a pranzo. Questa storia non ha nulla di drammatico. Parla semplicemente di una persona che si ricorda di una gentilezza ricevuta e che, di conseguenza, vuole fare qualcosa per sdebitarsi. Se il protagonista non avesse trovato la lettera, tuttavia, forse non gli sarebbe mai venuto in mente di contattare il suo ex insegnante.

Il Naikan è un promemoria straordinario. Riflettendo sul passato (anche solo sull'ultima settimana), ricordiamo di dover fare qualcosa per qualcuno che ci ha sostenuto o aiutato. Si tratta pertanto di un approccio legato all'azione, perché può determinare che cosa scegliamo di fare e il momento in cui farlo. Conosco persone che hanno partecipato a un ritiro naikan (una settimana, con un centinaio di ore di autoriflessione) e che poi hanno scritto lettere di ringraziamento al padre, trovato il tempo di fare visita alla madre anziana o restituito somme ricevute in prestito anni prima.

Il Naikan non influenza soltanto ciò che facciamo, ma anche il nostro atteggiamento verso l'iniziativa che prendiamo. A volte, nella vita, incappiamo in difficoltà che richiedono un investimento notevole di tempo e di energia, e che ci confondono e ci prosciugano a livello emotivo. In queste situazioni possiamo sentirci molto soli e persino pieni di risentimento.

La mia collega Julie si è ritrovata costretta ad accudire la madre ottantottenne. Dormiva da lei diverse notti la settimana, le cucinava i pasti, le puliva la casa e addirittura le cambiava il pannolone. Ha praticato regolarmente la riflessione naikan per anni. Mi ha confidato che di tanto in tanto detestava l'idea di dover dedicare tutto quel tempo alla madre, ma ha aggiunto che durante un ritiro naikan, mentre rifletteva sulla propria infanzia, aveva calcolato quanti pannolini la donna le avesse cambiato quando era piccola.

I pannoloni che lei aveva cambiato alla madre, aveva concluso, non erano neppure il 10 per cento. Così ha iniziato a essere grata per l'opportunità di ripagare, almeno in minima parte, le premure ricevute da bambina. Il Naikan l'ha aiutata a sostituire il rancore con l'affetto e un atteggiamento premuroso.

Questo approccio mette in risalto l'aiuto che gli altri ci danno, anche quando crediamo di cavarcela da soli. La riflessione rivela la presenza di oggetti o strumenti inanimati che ci aiutano a svolgere il nostro lavoro. Quando puliamo una stanza, siamo grati di avere stracci, spugne, scopa, paletta, detersivo e aspirapolvere. Non facciamo mai nulla per conto nostro; siamo sempre parte di una squadra più numerosa, visibile e invisibile, che rende possibili le nostre azioni. Invecchiando, scopriamo che la capacità fisica dell'azione diminuisce pian piano. Con il tempo non siamo più in grado di muoverci rapidamente, di sollevare oggetti pesanti… e persino di capire che cosa stiamo facendo. Non è una prospettiva rosea, ma si avvera nella maggior parte dei casi. Forse a venticinque anni sbuffiamo all'idea di dover sgombrare il garage, ma a ottantacinque saremmo al settimo cielo se avessimo la forza e la resistenza di farlo un'ultima volta.

L'autoriflessione ci aiuta a essere grati della capacità di svolgere il nostro lavoro e anche a estendere questa gratitudine al compito in questione. Tagliare il prato ed essere riconoscenti per il tosaerba, per il prato e persino per la capacità di camminare avanti e indietro mentre spingiamo la macchina: è questo il dono dell'autoriflessione. È una forma di azione che va oltre il banale gesto di cancellare una voce dalla lista delle cose da fare.

Terapia Morita. Kaizen. Naikan.
Ciascuno di questi metodi ci dà indicazioni su quale azione compiere e su come compierla.
Sono come tre vecchi maestri saggi che ci guidano mentre cerchiamo di fare qualcosa di significativo entro i limiti temporali della vita.

L'inazione

Decidere non è fare

Vi siete mai trovati in dubbio e di aver deciso che cosa fosse meglio fare solo dopo aver valutato diverse opzioni e possibilità? A me capita spesso. Cerco di scegliere una destinazione per una settimana di ferie in agosto o il tipo di rivestimento da usare per la casa del tè che il ToDo Institute vuole costruire sulla collina. Mi domando quale piattaforma informatica sia più adatta per il nuovo sito web. Immaginiamo che ripensi alla giornata appena trascorsa e che faccia una lista delle mie azioni:

1. *Ho deciso di mandare le bambine al campo avventura invece che al campus di calcio.*
2. *Ho deciso di riparare la mia vecchia mountain bike anziché comprarne una nuova.*
3. *Ho deciso di non comprare un tappeto elastico alle bambine (non saranno contente).*
4. *Ho deciso quale tipo di bordura piantare lungo il vialetto in giardino.*
5. *Ho deciso di provare a organizzare una cena vicino a Woodstock, nel Vermont, con la nostra vecchia amica Kathy, che lavorerà lì per qualche tempo.*
6. *Ho deciso di andare in un negozio di bricolage nel weekend e di acquistare il materiale necessario per finire il nuovo muretto che ho tirato su l'anno scorso.*

Wow! Ho fatto molti progressi oggi, vero?

Almeno così *pare*. Ci sono decisioni estremamente importanti che richiedono una riflessione attenta. Scegliere la piattaforma informatica e il design del sito rientra in questa categoria, ovviamente. Ricordo quando io e mia moglie cercavamo di decidere se adottare un figlio oppure no. Quella sì che è stata una scelta con un forte impatto sulla mia vita. Ma non dobbiamo confondere il *decidere* con l'*agire*.

Se mi osservaste mentre prendo delle decisioni, mi vedreste perlopiù
SEDUTO SENZA FARE NULLA.

Può darsi che svolga una ricerca in Internet o che mi guardi intorno, ma in realtà non faccio granché.

E quel che è fondamentale, il cambiamento nella realtà circostante prima e dopo la mia decisione è…
PARI A ZERO.

Finché non compio un'azione costruttiva, una semplice decisione non cambia la realtà della mia vita o del mondo circostante. Può sembrare un progresso. Di sicuro regala le stesse sensazioni, ma tenete presente che, a prescindere dalla riflessione e dall'energia investite nel prendere una decisione, posso cambiare idea in un secondo, pensando: «No, credo che farò qualcos'altro».

Ho già preso due decisioni, ma non è ancora cambiato niente. Perciò state attenti a scambiare il prendere decisioni per un'azione. Perché solitamente si tratta di un pensiero.

Scrivere il primo capoverso di un libro, piantare il basilico in giardino, compilare i moduli per l'ufficio adozioni in Cina o andare in bicicletta per dieci minuti.

Queste sono azioni. Sono queste le cose che creano increspature nella nostra esistenza e nel mondo. Queste "increspature" possono percorrere enormi distanze temporali e spaziali, provocando cambiamenti imprevedibili nella vita delle persone.

Lo stress di non riuscire a fare le cose

Trudy Boyle

Ultimamente si sente tanto parlare di stress e, dopo aver letto diversi articoli sull'argomento, ho concluso che un metodo infallibile per finire ancora più sotto pressione è proprio documentarsi, perché sapere che le conseguenze di una vita sempre più stressante sono diabete, cardiopatie, ulcere, ipertensione, disturbi sessuali e compromissione del sistema immunitario è spaventoso.

Quasi tutti siamo sottoposti a ritmi frenetici, e gli impegni che assorbono tempo, soldi e creatività lasciano poco spazio di manovra. Quante speranze abbiamo di ridurre lo stress? Siamo davvero così impreparati ad affrontare la vita di tutti i giorni?

Il dottor Hans Selye, un autorevole esperto in materia, assicura che non solo siamo in grado di gestire gli agenti stressanti quotidiani, ma soprattutto che possiamo sfruttare il comportamento per contenere lo stress dannoso. «Lo stress è il sale della vita» dice «e scaturisce da attività piacevoli e spiacevoli.»

L'obiettivo non è allora sbarazzarsene completamente – perché equivarrebbe a morire – bensì vivere in modo tale da limitare al massimo le forme più nocive. Qual è l'approccio suggerito da Selye?

Rispetto ai soliti accorgimenti antistress, ormai ben noti, i suoi consigli somigliano piuttosto a un programma di base per la routine quotidiana:

- stabilire obiettivi a lungo termine;
- impegnarsi a favore di una causa che ci sta a cuore;
- cercare di vivere e lavorare in un ambiente conforme ai propri valori innati;
- adottare una filosofia della gratitudine;
- ridurre la procrastinazione perché può essere pericolosa;
- usare l'esercizio fisico per attenuare la frustrazione;
- ricordare che la mancanza di uno scopo genera stress deleterio;
- considerare il lavoro un fattore positivo, oltre che una necessità fondamentale.

Il triangolo dello stress

Per me la principale causa di stress è l'impossibilità di portare a termine un compito che mi ero prefissata o di completarlo puntualmente. La situazione peggiora quando prendo più impegni di quanti possa gestirne nel tempo che ho a disposizione. A chiudere il mio "triangolo dello stress" interviene infine il brutto vizio di aspettare sempre l'ultimo momento per fare qualcosa!

Come contribuisco all'insorgenza di questo stress controllabile? La risposta sincera è che ogni tanto permetto alle emozioni di prendere il sopravvento. Una delle lezioni sconcertanti che ho imparato è che, il più delle volte, non ho voglia di fare le cose che vanno fatte. Non mi riferisco solo a pulire il bagno o a compilare la dichiarazione dei redditi, ma anche alle attività cui mi dedico volentieri, come scrivere, preparare corsi, studiare calligrafia. Finora non sono mai stata in vena di lasciare il calduccio delle coperte la mattina presto in un giorno di pioggia e di mettermi al lavoro per raggiungere i miei obiettivi. L'ispirazione a scrivere non arriva finché non inizio a scrivere.

Interrogarmi sul perché non ho voglia di fare ciò che dico di voler fare, per poi rendermi conto per l'ennesima volta di quanto sia fantastico riuscire a farlo, è solo una strategia infallibile per distrarmi dalla fatica dell'incombenza successiva. Nulla può sostituire la capacità di "accettare i miei sentimenti" (di pigrizia, noia, ansia o di qualunque altro tipo), di "conoscere il mio obiettivo" e infine di REALIZZARLO. Lo stress diminuisce quasi subito, e la sera vado a dormire soddisfatta.

Tutta colpa dei soldi

Tra le prime cause dello stress ci sono anche le preoccupazioni economiche. Benché l'eccesso di soldi possa essere ansiogeno quanto la loro mancanza, sicuramente quest'ultima situazione è di gran lunga più sgradevole.

Abituarsi a un reddito sempre più modesto può essere un esercizio di frustrazione e adattamento, ma in ogni caso è meno stressante conoscere la realtà che illudersi facendo finta di nulla. E posso ridurre lo stress ancora di più spendendo meno di quanto guadagno, come Mr Micawber consiglia a David Copperfield.

> *“Entrata annua: venti sterline; spesa annua: diciannove sterline, diciannove scellini e sei pence. Risultato: felicità. Entrata annua: venti sterline; spesa annua: venti sterline, sei pence. Risultato: miseria.*
>
> Charles Dickens

L'oculatezza finanziaria e il contenimento dello stress vanno mano nella mano. Torno continuamente alle regole fondamentali: accettare i miei sentimenti (tutti quei desideri incessanti), conoscere il mio obiettivo (vivere secondo le mie possibilità) e fare ciò che devo.

Questo non significa accontentarsi, bensì diventare affidabili. Così, ora faccio molta attenzione alle spese di tutti i giorni.

Prendete, per esempio, la preparazione dei pasti. Ho smesso di chiedermi "che cosa mi va di mangiare stasera?" e ho cominciato a domandarmi: "Che cosa posso cucinare di sano, gustoso ed economico?" oppure: "In frigorifero c'è qualcosa che sta per scadere?". Preparare una cena squisita senza usare ingredienti costosi richiede abilità e creatività e offre più di un semplice nutrimento per il corpo.

Atteggiamento e azione

Mia madre non mi parlava mai dello stress, ma solo di quanto fosse normale incontrare delle difficoltà nella vita. Per lei, gli ostacoli erano opportunità.
La sua risposta alle mie lamentele, per quanto comprensiva, era la seguente: «Se impari a risolvere i problemi ora, acquisterai fiducia in te stessa e supererai gli scogli più grandi quando vivrai per conto tuo». Una delle sue massime preferite era: «A contare non è tanto ciò che ti succede nella vita quanto il tuo atteggiamento e la tua reazione». Sessantotto anni di esperienza confermano questa tesi. Il suo semplice consiglio mi ha tenuta lontana dal lettino di più di uno psichiatra.

Tempo fa, quando mia figlia aveva ventitré anni ed era all'ultimo di università, mi telefonò in lacrime dopo un acceso litigio con il suo ragazzo. La rottura era imminente, gli esami finali erano alle porte e lei era così stressata da non riuscire a studiare.

«Che cosa posso fare?» singhiozzò.

La ascoltai, le espressi la mia comprensione e poi applicai la filosofia di mia madre. Le domandai se la sua stanza fosse in disordine. Ammise di sì. Le suggerii di riordinarla prima di riparlare della questione e di richiamarmi quando avesse finito. Si rifece viva da lì a tre quarti d'ora, dicendo che stava molto meglio, che era meno stressata e che era di nuovo in grado di concentrarsi sui libri.

Pulire una camera non è una cura definitiva contro la sofferenza interiore, ma l'ordine e l'esercizio fisico sono utili distrazioni temporanee. Quando sono sopraffatta dalle emozioni, un'attività intensa contribuisce a ridurre lo stress.

«Lo sforzo fisico concede una pausa al cervello», come spiega il dottor Selye, «e aiuta a dimenticare i problemi frustranti».

Molti vorrebbero poter staccare la spina più spesso, ma il dottor Seyle raccomanda di resistere a questa tentazione. «La mancanza di uno scopo e il continuo rimandare generano frustrazione, e lo stress della frustrazione ha molte più probabilità di causare malattie rispetto a quello della fatica muscolare eccessiva o del lavoro mentale impegnativo». Tuttavia ho il sospetto che nell'attuale cultura dell'operosità basata sull'ego l'esigenza di "staccare la spina" sia legata anche al bisogno di avere meno distrazioni e al desiderio naturale di potersi concentrare su una mansione alla volta, e spesso questo dipende da noi.

Considerate l'uso responsabile della parola **NO**. Prediligo nettamente il **SÌ** nel senso più ampio del termine, ma ho imparato sulla mia pelle che in un mondo ricco di svaghi, obiettivi e opportunità dobbiamo scegliere quando dire sì e quando rispondere: «Grazie per avermelo chiesto. Sono onorato, ma non ora. Al momento ho molta carne al fuoco e, finché non mi libero di qualcosa, non c'è spazio per nient'altro».

Queste parole, pronunciate vent'anni fa da Barbara Sarah, un'amica e collega, mi hanno aiutato moltissimo a capire quando prendo troppi impegni contemporaneamente e mi hanno insegnato che la risposta giusta non è sempre «Sì».

I momenti di riflessione

In ogni caso, trovo utile fare un passo indietro e riflettere periodicamente sulla mia vita, scoprendo che, come disse una volta la mia amica Julie Guroff, «è difficile sentirsi stressati e riconoscenti allo stesso tempo». Eppure, tutti riceviamo continuamente aiuto dagli altri.

La specificità del Naikan, quando lo pratico in maniera onesta e sincera, rimanda a un'immagine più ampia della realtà e non solo alle parti che confermano la mia immagine di me stessa. Per esempio, quando sono stressata per qualche problema, questa tecnica mi aiuta a individuare le perdite di tempo e di denaro e a suddividere la situazione del momento in segmenti incontrollabili, gestibili e influenzabili. Mi rendo anche conto degli aiuti che, in una forma o nell'altra, continuano ad arrivare.

Con questo autoesame, più realistico dei miei soliti criteri, ben presto diventa evidente che ho ricevuto dal mondo più di quanto abbia dato, o di quanto potrò mai restituire. Questa conoscenza mi permette di inquadrare i problemi in una prospettiva diversa e di spostare l'attenzione verso una qualche forma di azione anziché preoccuparmi e basta.

Conclusioni

La mia vita, come quella di quasi tutti, non è priva di stress ma, quando mi armo di risolutezza e di passione, il tran tran quotidiano mi regala più soddisfazioni e tendo a non classificare il resto come stressante oppure no.

Si tratta semplicemente di adeguarsi alle circostanze del momento successivo. Quando noto segni di stress, è un sollievo constatare che alcuni momenti stressanti svaniscono con il passare del tempo: alcuni grazie all'esercizio fisico e altri grazie alla riflessione, ma la maggior parte grazie all'esame di ciò che occorre fare e alla scelta di farlo. È questo a darmi vero sollievo.

Il prezzo che pagano gli altri

Linda Anderson Krech

Cambiare è difficile, anzi difficilissimo. Anche quando abbiamo ben chiara l'esigenza di modificare il nostro stile di vita, possiamo ricadere nelle vecchie abitudini in men che non si dica. Le nostre impostazioni predefinite hanno la storia dalla loro parte e sono alimentate da anni di uso inveterato. Non è facile.

Prendete la procrastinazione, per esempio. Molti di noi preferiscono subire le conseguenze e le scocciature che derivano da questo brutto vizio piuttosto che affrontare il disagio e la difficoltà di correggere le proprie abitudini. D'accordo. È il nostro karma, la nostra vita. Tocca a noi decidere, giusto? Sì, la scelta ricade sulle nostre spalle e spetta soltanto a noi.

I suoi effetti, tuttavia, sono un altro paio di maniche. Spesso non siamo le uniche vittime delle nostre scelte irresponsabili e di una pessima gestione del tempo. I nostri fatti e misfatti quotidiani si ripercuotono su coloro che conosciamo e anche su persone che non conosceremo mai. A darci uno scossone ogni tanto è la consapevolezza di quanto sia vera questa affermazione. Questa verità può spingerci al di fuori della zona di sicurezza come la sofferenza personale non riuscirebbe mai a fare. Non è fantastico? Ricordare l'impatto che possiamo avere sugli altri nei momenti decisivi può aiutarci a scrivere una storia diversa per noi stessi.

La fretta

Forse ci siamo messi all'opera in ritardo o abbiamo sottovalutato il tempo necessario. Oppure eravamo distratti, stanchi o dell'umore sbagliato. Alla fine abbiamo rispettato gli impegni presi, ma non siamo stati puntuali.

Se restiamo indietro con un incarico o un progetto, è molto probabile che negli ultimi giorni o minuti schiacciamo l'acceleratore nel tentativo di recuperare il tempo perduto, e nei momenti spasmodici in cui cerchiamo di comprimere il lavoro nelle poche ore rimaste, i rapporti con gli altri possono farsi tesi e fragili.

I piccoli contrattempi, come una distrazione o un'interruzione inaspettata, possono diventare insolitamente irritanti, sfociando in attriti con chi ci circonda. Essendo contagiosa, l'energia frenetica può rendere irritabili anche gli altri. Quando abbiamo fretta, aumentano anche i problemi di comunicazione, perché toni e parole si fanno più nervosi. È difficile essere una buona compagnia quando si ha l'acqua alla gola.

Paradossalmente, dopo aver tagliato il traguardo non è raro incappare in una serie di nuovi problemi, fastidiosi per noi stessi e per gli altri. Durante il periodo di recupero dal *rush* finale dobbiamo affrontare la situazione che abbiamo creato quando avevamo fretta. Per esempio, se non abbiamo calcolato bene il tempo necessario per fare i bagagli e organizzarci per le vacanze, al rientro troviamo la casa sottosopra a causa dei preparativi convulsi. Più abbiamo premura, e più ci concentriamo sull'obiettivo trascurando tutto il resto.

La negligenza che nasce dalla fretta può assumere molte forme: smarriamo le chiavi, rovesciamo il caffè, dimentichiamo il cellulare, superiamo il limite di velocità. Vari intoppi possono metterci i bastoni tra le ruote mentre tentiamo di guadagnare qualche minuto e di raggiungere puntualmente l'obiettivo.

L'attesa

Ecco una domanda insidiosa. Un quarto d'ora è più lungo quando si aspetta qualcuno che è in ritardo o quando siamo noi a far aspettare qualcun altro? Obiettivamente, il lasso di tempo è identico ma, quando riuscite a districarvi dai mille impegni della vita e ad arrivare puntuali a un appuntamento (lasciando molte altre cose a metà), la consapevolezza dell'incapacità o della scarsa disponibilità altrui a fare lo stesso sforzo può essere irritante.

Quando costringiamo qualcuno ad aspettarci, non abbiamo rispetto per la sua vita, e il tempo è il bene più prezioso che abbiamo. Anche se l'altro ci attende di buon grado, anche se riesce a sfruttare quegli istanti e a ridurre la scocciatura al minimo, stiamo ugualmente rubando un frammento della sua esistenza.

Effetto domino

Immaginate che un giorno io esca di casa in ritardo per un appuntamento dal dentista la mattina presto. Mi riprometto di chiamare la segretaria lungo il tragitto in modo che possa riorganizzare l'agenda, ma solo una volta in auto scopro di avere il telefono scarico. Come se non bastasse, mi ritrovo imbottigliata nel traffico per colpa di un cantiere. Morale della favola, arrivo tardissimo.

Non possiamo sapere quali ripercussioni il nostro ritardo abbia sul mondo. Non vediamo il suo impatto mentre investe altre persone nell'arco della giornata. Può darsi che io abbia procurato dei problemi al dentista, per esempio mettendolo in uno stato di tensione o costringendolo a far aspettare altri pazienti, il che potrebbe rovinargli la reputazione. Forse ho messo in difficoltà pazienti che dovevano tornare al lavoro, e questo potrebbe aver avuto un effetto sui loro colleghi e clienti. Quando siamo in ritardo, possiamo cadere uno sull'altro come tessere del domino, dando il via a una sequenza di eventi di cui non verremo mai a conoscenza pur essendone responsabili.

Il karma delle cose incompiute

Finora abbiamo esaminato le conseguenze del brutto vizio di fare le cose all'ultimo minuto. Ma quali sono gli effetti delle azioni che restano incompiute?

Almeno in alcuni casi, qualcun altro sopperirà alla nostra mancanza: se si tratta di una faccenda domestica come portare fuori il sacchetto dell'umido o piegare il bucato, il coniuge o i figli possono pensarci al nostro posto; se si tratta di un progetto di lavoro, un collega potrebbe essere costretto ad aggiungerlo a una lista di incarichi già molto lunga.

Il più delle volte causiamo meno problemi agli altri dicendo subito di no anziché prendendo un impegno al quale poi non terremo fede. Lo so, è tutt'altro che facile. Occorre una generosa dose di sana e realistica capacità di giudizio, che è una dote piuttosto rara.

Le buone intenzioni non attenuano l'impatto della nostra negligenza. In alcune circostanze, l'incombenza resta semplicemente incompiuta, alimentando risentimento, frustrazione e delusione.

Le giustificazioni

Per quanto possiamo essere efficienti e volenterosi, saremo sempre vulnerabili rispetto a ciò che è incontrollabile e imprevedibile. Quando meno ce lo aspettiamo, possono presentarsi eventi che sfuggono al nostro controllo, interferendo anche con la programmazione più accurata. Possiamo gestire solo un numero limitato di variabili, e gli imprevisti sono sempre in agguato.

Perciò, per quanto possibile, dobbiamo mettere in conto i contrattempi. Non possiamo prevedere tutto, ma alcune cose sì. Se riserviamo ventidue minuti a un tragitto di ventidue minuti sui mezzi pubblici, non prendiamo in considerazione eventuali intoppi. Calcolare margini di tempo risicati equivale ad "andarsela a cercare". Aspettare l'ultimo minuto è una ricetta sicura per il fallimento.

Che lo vogliamo oppure no, gli altri dipendono da noi. Siamo tutti legati uno all'altro perché le nostre vite, famiglie e comunità, sono intrecciate in una rete compatta. Quando veniamo meno ai nostri doveri, questa struttura si deforma, e nemmeno la giustificazione più valida aiuta coloro che si trovano all'estremità opposta e che sono costretti loro malgrado a subire la situazione. La soluzione migliore è chiedere scusa, vedere quale insegnamento possiamo trarne e andare avanti.

Che cosa posso imparare?

A fare scelte più realistiche, ad ammettere che le cose richiedono molto più tempo del previsto e a organizzarmi di conseguenza. Se non mi decido a cambiare, gli altri continueranno a pagare con me il prezzo di questi errori.

Scovate i demoni, dunque. Dategli la caccia con il massimo dell'impegno. Siate consapevoli del vostro impatto sulle altre persone. Ricordate che la vita è breve. Guardate il quadro generale. Passate all'azione e fate ciò che è da fare.

L'inizio

La chiarezza

Nel corso di *Taking Action* ('Passare all'azione') che tengo online, il primo passo è scegliere qualcosa su cui lavorare, qualcosa che richieda una "azione". Di recente ho postato alcuni spunti di riflessione per i partecipanti.

Perché questa cosa è importante?
A che cosa sono disposto a rinunciare?

Quando ho iniziato a scrivere questo libro, ho avuto un incontro con il mio aiuto redattore e con mia moglie (nonché mia editor) per discutere la "visione" dell'opera. Non volevo diventare l'autore dell'ennesimo volume su come portare a termine le cose né di un manuale per fare liste e definire priorità. Avevo in mente un testo che attingesse dalla saggezza orientale e che fosse nel contempo pratico e ricco d'ispirazione.

Un collage di citazioni, aneddoti, saggi e altro. Mi è bastata un'ora di riflessione, *brainstorming* e consultazioni per immaginare come sarebbe stato il risultato finale.

È meglio chiarirsi le idee prima di iniziare,
ma è anche meglio iniziare prima di chiarirsi le idee.

È più semplice realizzare un progetto accompagnato da una visione chiara, perché si tende a uscire meno dal seminato.

A volte, però, per quanto vi sforziate non riuscite a fare chiarezza dentro di voi. Avete un'idea generale dell'obiettivo che vorreste raggiungere. Magari sognate di cambiare lavoro o di dedicarvi al volontariato, oppure aspirate a fare qualcosa di creativo, ma non sapete bene cosa. Forse vi piacerebbe regalare alla vostra famiglia un'"esperienza nella natura", ma non siete sicuri di cosa significhi o di cosa comporti. Avete le idee tutt'altro che chiare, insomma.

Che cosa dovete fare? Datevi una mossa e cominciate. Iniziate senza chiarezza. Fate qualche piccolo passo. Indagate, svolgete ricerche, valutate le possibilità, fate una verifica, chiedete consiglio e, se possibile, cimentatevi.

Supponete di essere un cuoco che deve preparare uno stufato, ma non sa come procedere. Cucinate e assaggiate, cucinate e assaggiate. Aggiungete un pizzico di pepe o qualche carota. «Okay, non è proprio come speravo. Che cosa posso usare per migliorarlo?». Nella peggiore delle ipotesi, buttate tutto nella spazzatura e ricominciate da capo. Siate disposti a sbagliare e a imparare.

Il problema è che la maggior parte di noi crede che capire sia sinonimo di pensare. Immaginiamo Einstein davanti a una lavagna, intento a scrivere equazioni complesse per giorni. Questo metodo può funzionare se siete fisici o matematici, ma nella vita reale non fa altro che bloccarci, impedendoci di andare avanti e di passare all'azione.

L'azione non arriva dopo la comprensione: è una sua forma.

Perciò chiaritevi le idee e fate il passo successivo. Oppure restate confusi e fate comunque il passo successivo. Anche se avete in mente un obiettivo ben chiaro, prima o poi vi imbatterete in qualcosa che vi getterà nella confusione più assoluta. E se siete confusi… potreste esserlo sempre.

La vita ci confonde. Non lasciate che questo vi ostacoli.

Quando la procrastinazione si traveste da operosità

L'insegnante di meditazione Eknath Easwaran spiega che le persone sono piene di energia solo quando fanno le cose che amano. Se vi piace dipingere, suonare uno strumento o leggere un bel romanzo, potete perdervi in questa attività per ore. Se invece avete la reazione opposta, cioè se provate avversione per un compito, allora anche solo una telefonata di cinque minuti o un messaggio di poche righe sembrano ostacoli insormontabili. Così fate tutto il possibile per scansare queste incombenze.

Una strategia spesso utilizzata consiste nell'evitare ciò che va fatto e poi investire un sacco di tempo nel tentativo di capire perché lo si vuole evitare: un ottimo modo per continuare a non passare all'azione. Un altro sistema è credere di dover avere voglia di fare una cosa per riuscire a farla. Se non vi sentite motivati o a vostro agio, date per scontato che sia impossibile prendere l'iniziativa e agire. Anzi, molti sono convinti che se trovano sgradevole l'idea di un determinato incarico non riusciranno semplicemente a svolgerlo.

Ma la strategia di procrastinazione più diffusa è fare qualcos'altro. Se bisogna compilare la dichiarazione dei redditi, diventa indispensabile pulire il frigorifero. Se occorre finire di scrivere un romanzo, il pagamento delle bollette non può aspettare. Ci teniamo occupati, convincendoci di essere produttivi e laboriosi. L'incapacità di passare all'azione si traveste da operosità.

Come commenta Easwaran, in India questo atteggiamento è chiamato "dipingere le ruote del carro": è quello che il contadino si mette a fare quando invece dovrebbe occuparsi di raccogliere il riso, ormai maturo: impiega il suo tempo e le sue energie per scegliere la vernice e decorare il carro, per trovarsi poi letteralmente a correre per recuperare il tempo perduto e non perdere l'intero raccolto.

Vi riconoscete in questa strategia? Sapreste indicare quali sono i modi in cui vi tenete occupati per evitare di compiere le azioni davvero importanti? E come si fa a guarire da questa malattia?

La risposta è ovvia, ma non è racchiusa nelle parole. Non si può postare sotto forma di messaggio né discuterne con un terapista. Non la si trova nemmeno nei libri o in Internet.

Usate saggiamente il tempo. È un dono, ed è provvisorio.

Che cosa conta veramente? Che cosa è indispensabile fare? Vi state forse nascondendo dietro la maschera dell'operosità? Se sì, mostratevi. Uscite allo scoperto. Siate fedeli alla missione che vi è stata assegnata.

Il più piccolo movimento

Secondo uno dei principi fondamentali della terapia Morita, abbiamo molto più controllo sul corpo (azioni) che sulla mente (pensieri, sentimenti). Un elemento distintivo del lavoro di questo psicologo giapponese è proprio la volontà di indurre il corpo a passare all'azione anziché il desiderio di manipolare l'esperienza interiore.

Spesso, quando il corpo inizia a muoversi, ha un'influenza naturale sullo stato emotivo e sui pensieri. Per esempio, potreste non avere voglia di fare esercizio e pensare qualcosa come: "oggi fa troppo freddo per fare una passeggiata" ma, una volta fuori, potreste trovare l'attività fisica corroborante. Mentre vi godete la sensazione della luce calda sul viso, i pensieri potrebbero virare verso "chissà cosa stanno costruendo in fondo alla strada".

Naturalmente, non si può sempre controllare il corpo, soprattutto se dal punto di vista medico o fisico è incapace di eseguire una determinata azione. Tutta la determinazione del mondo non mi permetterà di fare un salto di un metro e ottanta partendo da fermo, e una persona paralizzata in seguito a un incidente non sarà mai in grado di alzarsi e camminare soltanto perché lo vuole. Nel caso di molti disturbi fisici e mentali, tuttavia, esiste una zona grigia.

Un soggetto gravemente depresso potrebbe affermare di non "riuscire" ad alzarsi dal letto. Un individuo affetto da mononucleosi potrebbe dire che proprio non se la sente di salire e scendere le scale. In quali situazioni il corpo è fisicamente incapace di svolgere un compito, e in quali l'inazione è dovuta alla pura mancanza di impegno o di volontà?

L'inverno scorso ho preso una brutta influenza. Per qualche giorno mi sono ritrovato ad avere molto bisogno di riposo e a essere esausto dopo il minimo sforzo fisico. Quando mi sdraiavo, mi sentivo indolenzito, pesante e stanco, al che dicevo: «In questo momento non riesco ad alzarmi». Se queste parole fossero uscite dalla bocca di qualcun altro, probabilmente avrei commentato: «Ce la faresti se dovessi davvero».

Dal mio punto di vista è stato come fare un bagno di umiltà. Mentre ero a letto, ho continuato a riflettere sulla mia situazione e ho scoperto una tecnica che, credo, può essere utile quando occorre dare una sferzata di energia al corpo. Ho notato che il modo più efficace per alzarmi era iniziare da piccoli movimenti e poi lavorare con gruppi muscolari sempre più estesi. Così ho cominciato ad agitare la punta dell'indice, per poi allargare il movimento a tutte le dita di ciascuna mano. Quindi sono passato alle dita dei piedi. In seguito ho sollevato leggermente il braccio sinistro e poi, più volte, entrambe le braccia. Infine ho ruotato le spalle e alzato una gamba. A quel punto, sono riuscito a buttare le gambe giù dal letto e a tirarmi su. Una volta in piedi, è stato facile fare qualche passo. Più mi muovevo, e più trovavo la forza di muovermi. Potremmo chiamarla "legge dello slancio": continuare dopo aver iniziato è più semplice che iniziare. Spesso questo principio vale per i programmi di allenamento, le diete, ballare in pubblico, la scrittura e quasi qualunque altra attività. È un po' come riscaldare il motore dell'auto prima di partire.

La prossima volta che la depressione o l'influenza vi bloccano e vi paralizzano, provate ad avviare il motore con piccolissimi movimenti muscolari. Questo accorgimento potrebbe aiutare il vostro corpo a "ingranare la prima" anche se la mente vi dice: «Non ci riesci».

Che cosa abbiamo qui?

Uno dei modi migliori per cominciare qualcosa è fare un passo indietro, guardarsi intorno e chiedersi: «Che cosa abbiamo qui?».

L'ho imparato dal cuoco zen Edward Espe Brown, autore di *The Complete Tassajara Cookbook*. Ecco cosa faceva prima di preparare un pasto.

Dava un'occhiata alla cucina, al frigorifero e alla dispensa e si domandava: «Che cosa abbiamo qui?».

Questo interrogativo serve a entrare in contatto con la realtà della situazione e a spostare l'attenzione dal proprio stato emotivo (noia, ansia, confusione) alle circostanze concrete in cui si svolgerà il lavoro.

Di recente ho deciso di fabbricare una panchina commemorativa per onorare il ricordo di mio padre, Ted Krech, scomparso non molto tempo fa. Sono andato in garage a cercare i pezzi di una vecchia panchina che si era sfasciata. Dovevo capire quali fossero riutilizzabili e quali andassero costruiti da zero.

Man mano che trovavo qualcosa – una parte del telaio di metallo, un'assicella di legno –, lo esaminavo e mi domandavo: «Che cosa abbiamo qui?». «Un frammento di legno lungo un metro e venti, marcio alle estremità». «L'elemento di un telaio metallico, un po' arrugginito». «Uno strano bullone, usato per fissare l'assicella al telaio e coperto di ruggine».

Ho appoggiato i pezzi a un grande pannello di legno, ho fatto un passo indietro e li ho osservati.

Che cosa abbiamo qui? È così che si inizia. È con questi oggetti che dobbiamo lavorare. Al momento è questa la realtà della situazione. Prendete le distanze. Riflettete. Esaminate. Valutate. È da qui che si comincia.

Esserci

"*Siate presenti fisicamente [...] il luogo è tutto.*

Patricia Ryan Madson

Uno degli approcci più semplici per passare all'azione è portare il proprio corpo nel posto giusto. Trovo questa idea incredibilmente efficace quando devo scrivere, allenarmi o fare qualche lavoretto a casa.

Il compito è semplicemente esserci. Non siete tenuti a fare nient'altro. Se fate qualcosa, tanto di guadagnato. Altrimenti non importa.

Nel loro libro *Following Through. A Revolutionary New Model for Finishing Whatever You Start*, Levinson e Greider chiamano questo metodo "portare il cavallo all'acqua".

Come ben spiegano, nemmeno un cavallo molto assetato berrà se non è vicino all'acqua.

"*Se il cavallo è vicino all'acqua, di sicuro ha più probabilità di bere al primo accenno di sete. In altre parole, portare il cavallo all'acqua lo mette in una condizione più favorevole per bere.*

Levinson e Greider

Immaginate di avere, ormai da anni, un mucchio di fotografie da riordinare. Si avvicina una riunione di famiglia e vi piacerebbe proprio sistemarle in tempo, ma è un progetto così impegnativo che non riuscite a passare all'azione... e infatti non fate nulla. Scegliete un momento in cui avete voglia di sedervi con le foto e l'album. Quindi accomodatevi.

Non pianificate nessuna azione, limitatevi a sedervi e a prendere atto delle fotografie. Potete fare qualcosa (inserire tre o quattro immagini nell'album) oppure rilassarvi per qualche minuto e poi mettere via tutto.

La disciplina consiste nell'esserci, un compito che richiede molto meno rigore rispetto a dedicare a questa attività tre ore dopo cena.

Alla stessa maniera, ci sono compiti che richiedono di presentarsi "in uniforme": il mercoledì sera entro in palestra con pallone, scarpe da ginnastica e calzoncini da basket. Se amate correre, uscite di casa con la tenuta da jogging. Se dovete aggiustare un elettrodomestico, prendete gli attrezzi: preparatevi, "indossate l'uniforme". Potreste finire per passare all'azione solo per cinque minuti, correndo per qualche centinaio di metri o inserendo tre foto nell'album. Anche se vi fermate qui, vi sarete mossi nella direzione giusta. Inoltre esiste la possibilità che, una volta iniziato, abbiate voglia di investire un po' di energie nel progetto.

È quello che mi succede quando compilo la dichiarazione dei redditi. Non la finisco in un'unica seduta, ma spesso faccio più di quanto mi fossi ripromesso.

Dipende dal fatto che la sofferenza causata dall'attesa è peggiore della realtà effettiva. Ci infliggiamo più dolore procrastinando che adempiendo ai nostri doveri: compilare la dichiarazione dei redditi non è divertente, ma nemmeno tremendo come vi aspettate.

Così, invece di provare a motivarvi, a prepararvi psicologicamente o a lavorare con i pensieri e le affermazioni, portate il vostro corpo nel posto giusto al momento giusto, attrezzato se serve nella maniera giusta, e state a vedere che cosa succede.

La via dell'azione

I propositi e l'ispirazione

Se avete dedicato del tempo ad analizzare voi stessi, probabilmente vi sarete resi conto che la mente e il corpo viaggiano su binari diversi. La prima vive nel mondo dei pensieri, il secondo in quello reale. Ogni tanto avete un pensiero («Vado a farmi una tazza di caffè») e il corpo reagisce, ma il più delle volte avete un pensiero («Questa sera vado in palestra non appena torno dal lavoro») e il corpo non gli dà ascolto. Anche se forse questo fatto non vi piace, in realtà è positivo. Se il corpo rispondesse a ogni pensiero, la vostra vita precipiterebbe nel caos più totale (sì, più di quanto non abbia già fatto) e quasi sicuramente sareste in carcere.

Il maestro Zen Kosho Uchiyama definiva i pensieri semplicemente "secrezioni".

Una grossa differenza tra la dimensione dei pensieri e quella reale è il grado di controllo che abbiamo. Questa è una delle grandi intuizioni dello psichiatra giapponese Shoma Morita. In effetti abbiamo pochissimo controllo sui pensieri. Questi ultimi compaiono e si dissolvono, seguiti da altri pensieri che compaiono e si dissolvono. Nel corso di una giornata ordinaria è molto raro "imporsi" di avere un particolare pensiero. Lampi di genio, preoccupazioni, preferenze, avversioni, critiche esterne, pensieri frustranti e ricordi del passato si materializzano quasi sempre spontaneamente. Invece siamo molto più bravi a controllare i comportamenti. Possiamo imporci di restare in silenzio durante una presentazione, di prendere il telefono e fare una chiamata, di rispondere a un'e-mail o di andare al supermercato.

L'entità dello sforzo è un'altra differenza tra il mondo del pensiero e quello dell'azione. Il primo è un universo poco impegnativo. Non ci si stanca molto standosene seduti sul divano a riflettere su come ristrutturare il seminterrato.

Il secondo invece (cioè ristrutturare materialmente il seminterrato) richiede spesso una fatica notevole. Ci sono occasioni in cui si cerca di risolvere un problema complesso e si ha la netta sensazione di essere sfiniti. Dopo una giornata trascorsa a scrivere o a sostenere esami ci si può sentire esausti a livello mentale, ma il più delle volte la mente si crogiola nella pigrizia, inseguendo qualunque pensiero desideri perché non è costretta ad agire. Il corpo, al contrario, deve essere molto selettivo in ciò che fa perché quasi ogni movimento richiede energia, ed essa è un bene prezioso.

Il punto è che i propositi sono pensieri. Risiedono nel mondo del pensiero. Secondo le statistiche, nella maggior parte dei casi il corpo non li ascolta. È per questo che molti non si concretizzano mai nel mondo reale, e in ogni caso non immediatamente. Il corpo li ignora perché, tra le altre ragioni, è una creatura abitudinaria. Tende a fare ciò che è già abituato a fare.

Poiché non vogliamo annullare i pensieri (dopotutto, alcuni potrebbero essere utili), un'alternativa è investire energia nella *presenza*: avere la consapevolezza (*mindfulness*) di quello che si fa in un determinato momento.

I propositi sono pensieri su ciò che vi ripromettete di fare in futuro. La consapevolezza permette di restare in contatto con ciò che è reale nel presente. Evitate tuttavia di trasformarla in proposito: "Mi ripropongo di mangiare più sano e di lavare i piatti." Alla mente piace fare giochetti di questo tipo, perché la fanno sentire spiritosa.

Un'altra possibilità è apportare qualche cambiamento facendo le cose in modo diverso. Questa strategia non si concentra tanto su propositi, progetti e obiettivi quanto sull'azione. Implica di trascorrere meno tempo nel mondo del pensiero e di indugiare più a lungo in quello reale, usando il corpo per passare all'azione.

Una volta assistetti alla conferenza di un attivista sociale, e durante la discussione finale una spettatrice disse di aver trovato le sue parole ricche d'ispirazione. L'uomo domandò che cosa le avessero suscitato. Seguì una lunga pausa, di cui l'oratore approfittò per raccomandare al pubblico di lasciarsi ispirare ad agire, non solo a sentire o a pensare.

C'è qualcosa o qualcuno che vi ispira? A fare cosa?

I piccoli passi e la legge dello "slancio"

"*Non importa se vai piano, l'importante è che non ti fermi.*

Confucio

Un piccolo passo non arriva lontano, e di solito giudichiamo il valore di un passo in base alla distanza. Se il vostro allenamento di oggi è consistito nel saltare la corda una volta (proprio nel senso di un solo giro), probabilmente non avete bruciato molte calorie né perso molto peso.

Per questo tendiamo a sottovalutare i piccoli passi. Vogliamo farne di giganteschi per avanzare rapidamente a grandi balzi. Come Dorothy nel *Mago di Oz*, vorremmo battere i tacchi e andare da qui a lì anche quando il "lì" non è nemmeno a portata di vista.

Spesso non ci accorgiamo di quanto invece i piccoli passi siano fondamentali. Sottintendono un movimento. Passiamo dal non fare una cosa al farla, seppure in misura esigua. Per dirla con le leggi della fisica, si verifica una transizione da un corpo fermo a uno in movimento.

Ricordiamo qui la prima legge della dinamica, conosciuta anche come "principio d'inerzia":

"*Un oggetto fermo tende a rimanere fermo,*
e un oggetto in movimento tende a rimanere in movimento
con la stessa velocità e nella stessa direzione
a meno che non subisca l'azione di una forza esterna.

Isaac Newton

Sir Isaac Newton (1642-1727) fu una delle menti più straordinarie della sua epoca. Si rese conto che quando un oggetto era fermo sarebbe rimasto fermo a meno che qualcosa non lo spingesse. E anche che quando un oggetto è in movimento rimarrà in movimento finché non interverrà una forza esterna a fermarlo. Il suo principio d'inerzia è quello che noi chiamiamo *slancio*, ed è per questa ragione che i piccoli passi possono essere preziosi. Danno slancio a un costo relativo. In altre parole, ci vuole poco per creare lo slancio. Una flessione, un piatto lavato, una foto inserita nell'album, il capoverso scritto per un futuro romanzo. Avete fatto molta strada? No. Avete un certo slancio? Sì! E una volta che ce l'avete (che siete in movimento), è più probabile che (almeno per un po') restiate in questa condizione.

Anni fa sulla nostra rivista, "Thirty Thousand Days", pubblicammo un'intervista al dottor Robert Maurer, autore di un libro sul Kaizen, un percorso di miglioramento organizzativo ideato in Giappone dall'americano W. Edwards Deming (ho già approfondito l'argomento nel capitolo "La psicologia dell'azione dal Giappone"). Maurer aveva scoperto che alcuni dei principi applicati in ambito aziendale erano validi anche sul piano del cambiamento personale. Quando gli chiedemmo di fare un esempio tratto dalla sua esperienza, ci descrisse la genesi dell'opera. Gli avevano proposto un contratto editoriale ed era stato assalito dal panico. Poi aveva letto che molti premi Nobel scrivevano libri imponendosi di buttare giù una pagina al giorno, così si era prefissato di scrivere per *un minuto al giorno*. Sì, avete capito bene: sessanta secondi! Aveva notato che spesso, dopo il primo minuto, continuava a lavorare per altri cinque. O dieci. O quaranta. Era così che aveva completato il libro. Aveva sfruttato la prima legge della fisica di Newton, generando uno slancio e sfruttandolo per portare a termine l'impresa.

Lo slancio iniziale non garantisce che resterete in movimento. Ci saranno sempre delle forze che vi remeranno contro: variabili interne (come l'ansia o la paura) ed esterne (come malattie o disturbi fisici improvvisi). Magari fate una determinata cosa ogni mattina per un mese e poi saltate un giorno.

Siete tornati al punto di partenza? Sì e no.

Dovete ricominciare e rimettervi in movimento, ma non siete la stessa persona di un mese fa. Avete un karma diverso, una storia diversa.

Una volta compreso il concetto di slancio, potete usarlo a vostro favore e, quando vi renderete conto di essere diventati dei "corpi fermi", avrete la certezza che resterete tali a meno che non cambi qualcosa.

Dovete imparare a fare il primo passo per trasformarvi da "corpi fermi" a "corpi in movimento". Mentre cercate di capire come procedere, sbrigatevi a prendere l'iniziativa.

Testuggini in cammino

La settimana scorsa ho visto una testuggine sulla strada, vicino al nostro vialetto. L'indomani ne abbiamo trovata un'altra in giardino. Qualche anno fa ne vedemmo una sul patio, sotto il tavolo da picnic. Qui nel Vermont, giugno è il mese in cui questi animali si mettono in viaggio, il periodo in cui passano all'azione. Sulla terraferma sono creature flemmatiche e, guardandole attraversare un giardino, si nota che i loro movimenti sono di una lentezza esasperante. A eccezione degli esemplari più grandi, un passo non le porta molto lontano, solo qualche centimetro. A giugno, tuttavia, abbandonano la tranquillità degli stagni e dei ruscelli e vanno in cerca di luoghi in cui nidificare, spesso in aree soleggiate dove il terreno è abbastanza morbido per scavare una buca e deporre le uova. Una volta ne abbiamo vista una fare il nido sul nostro vialetto di casa. Meraviglioso!

Per me questi animali sono una fonte d'ispirazione. Non sono veloci né forti né particolarmente intelligenti. Però escono dalla loro zona di sicurezza e si espongono a pericoli di ogni genere, perché hanno un obiettivo chiaro e non si lasciano scoraggiare. A volte i passanti le trovano sulla strada e le riportano sul lato più vicino all'acqua; loro si limitano a fare dietrofront e ad avviarsi nella direzione opposta. Sono modelli di tenacia, impegno e determinazione. Generalmente mi considero "superiore" a una testuggine. Mentre faccio kayak, le vedo crogiolarsi al sole sui tronchi e penso: «Cavolo, che bella vita», ma a giugno, quando mi rendo conto di che cosa queste piccole e lente creature riescono a fare con la loro forza di volontà, le invidio molto.

«Vorrei essere come loro!» dico a me stesso.

Preferenze e avversioni

Ammettiamolo: tendiamo a fare le cose che ci piacciono e ci riescono meglio, e siamo attratti dalle attività che ci danno piacere. E siamo inclini a evitare quelle che...

- ci procurano un senso di disagio;
- generano ansia e paura;
- non ci piacciono;
- non hanno un esito chiaro o una sequenza di fasi ben precisa;
- sembrano al di fuori della nostra portata;
- non prevedono una gratificazione immediata;
- si sono rivelate difficoltose o problematiche in passato.

Nel tempo sviluppiamo, o siamo indotti a sviluppare, preferenze e avversioni, che poi gettano le basi per alcuni dei più grandi ostacoli pratici e spirituali lungo il nostro percorso esistenziale.

Come ben spiega l'insegnante di meditazione Eknath Easwaran, chi possiede la capacità di modificare preferenze e avversioni quando è necessario controlla la vita, mentre chi non impara a superare i gusti personali la subisce. Ogni volta che diciamo «Lo faccio perché mi piace» come anche «Non lo faccio perché non mi piace», è un segno che in realtà non siamo liberi, perché non sentiamo di avere possibilità di scelta se fare o non fare quella particolare azione: il nostro gusto, per quanto personale, di fatto ci condiziona.

Vorrei soffermarmi ora sulla tendenza a rimandare le attività che non hanno un esito chiaro o una sequenza di fasi ben precisa. Un classico esempio sono le riparazioni. Qualcosa smette di funzionare e ci domandiamo: «Santo cielo, che cos'ha che non va?». In alcuni casi ci rivolgiamo a un centro specializzato oppure chiamiamo un tecnico perché venga ad aggiustarlo. Qualcuno invece prova a ripararlo da solo. Il più delle volte l'esito non è certo, almeno non all'inizio. Proviamo a paragonare la situazione a un giallo. Avete mai letto un bel giallo? Ne avete mai guardato uno alla tv?

Sono molto appassionanti. Di solito c'è un personaggio che tenta di risolvere un mistero. In questo momento mi viene in mente *Il codice da Vinci*, un romanzo con un intreccio pieno di suspense e colpi di scena. Ci sono diversi personaggi che provano a chiarire un enigma. Che cosa fanno?

INDAGANO.

È così che potete affrontare le riparazioni: come in un giallo. Potete indagare. Per farlo dovete esaminare fisicamente l'oggetto, smontarlo, cercare di capire come funziona. Interrogarvi, guardarlo da angolazioni diverse. A questo punto non sapete ancora come risolvere il problema, state solo tentando di scoprire che cosa sia successo.

Nella maggior parte dei casi non ci sforziamo di capire gli altri perché vogliamo che siano loro a capire noi. Questa, invece, è un'esperienza in cui dobbiamo immergerci nella curiosità, abbandonando l'egocentrismo e provando a comprendere qualcosa al di fuori di noi stessi. Se fate un lavoro che richiede di investigare (meccanico, tecnico informatico, medico, elettricista eccetera), siete abituati a indagare sui misteri, ma se svolgete una professione di altro tipo o se l'enigma riguarda un ambito con cui avete poca dimestichezza, probabilmente vi viene naturale spostare l'attenzione su qualcosa che conoscete. Pulite la casa, lavate i piatti, tagliate il prato, estirpate le erbacce in giardino, cucite un bottone. Questi compiti si articolano in fasi chiare e lineari. Non è necessario indagare per decidere come risolvere il problema.

In realtà, operazioni come strappare le erbacce o cucire un bottone possono richiedere un'indagine accurata se li affrontiamo con la «mente del principiante», secondo una definizione zen. Le azioni più banali possono celare grandi misteri. Così siamo attratti da ciò che è comprensibile e diffidenti verso ciò che è oscuro. Prediligiamo il noto all'ignoto. Mettiamo da parte la curiosità e la voglia di indagare per crogiolarci comodamente in un illusorio senso di sicurezza.

Oggi provate a investigare su qualcosa. Siate curiosi. Fate un sforzo. Occupatevi di un problema la cui soluzione è avvolta nel mistero. Non limitatevi a ragionarci sopra. Indagate.

Siate i Cristoforo Colombo della navigazione, le Rita Levi-Montalcini della medicina o le Margherita Hack dell'astrofisica. L'esplorazione produce insieme ansia ed entusiasmo, due facce della stessa medaglia. Non lasciate che la spedizione parta senza di voi. Avventuratevi nell'ignoto.

Esaminate le vostre preferenze e avversioni, e imparate a fare ciò che non vi piace. Se non siete sicuri di quale azione compiere, siate curiosi... e indagate.

Fare del proprio meglio nella situazione in cui ci troviamo

Di recente Janet Lipner ha avuto un'illuminazione. Ha frequentato un corso di arboricoltura e, dopo aver conseguito l'attestato, ha dato una mano a piantare degli alberi, commentando i fattori che ne favoriscono la crescita: profondità e circonferenza della buca, qualità del terreno, irrigazione eccetera. Qualunque luogo si scelga, tuttavia, l'albero deve adattarsi alle condizioni lì esistenti. In realtà ciò vale per tutte le piante, dato che non possono spostarsi né cambiare l'ambiente circostante. L'albero, però, non si lamenta della situazione dicendo: «Avrebbero dovuto piantarmi in una posizione migliore; ora non posso crescere bene». Fa del suo meglio con ciò che ha.

È facile concentrarci sulla sfortuna che abbiamo avuto nella vita e usarla come motivo di lamentele costanti e come giustificazione per spiegare perché non ci siamo impegnati di più. Un atteggiamento di questo tipo contribuisce alla nostra sofferenza e a quella altrui. Anzi, lamentandoci creiamo condizioni che rendono l'esistenza più difficile agli "alberi" circostanti. Forse, allora, possiamo prendere esempio dai nostri amici alberi e mettercela tutta in qualunque situazione ci ritroviamo ad agire. Le condizioni non saranno mai ideali, ma il semplice fatto di essere stati piantati su questa Terra per il breve periodo che chiamiamo "questa vita" è un dono su cui dovremmo riflettere senza sosta.

Scopriremo che ci basta molto meno di quanto pensassimo quando ancora non avevamo iniziato: il segreto è nel voler PROCEDERE.

Le insidie dell'entusiasmo

> Spesso l'entusiasmo scaturisce dalla novità ma, come qualunque altro stato emotivo, non dura. Si affievolisce. All'inizio questa sensazione serve a partire con il piede giusto, poi scompare.

Cercate di ricordare l'ultima volta che vi siete entusiasmati al pensiero di qualcosa, per esempio un viaggio tanto atteso in una destinazione da sogno, la consegna delle prime copie stampate del vostro libro, una fuga romantica o persino l'arrivo di un nuovo acquisto come un'auto, un computer o un mobile. È naturale essere elettrizzati per qualcosa di piacevole che sta per accadere.

A volte ci entusiasmiamo quando siamo in procinto di imbarcarci in un progetto: scrivere un libro, ristrutturare casa, studiare una lingua straniera o qualunque altra iniziativa che, una volta portata a termine, potrebbe regalarci felicità o soddisfazione. L'euforia deriva dall'idea di come saranno le cose dopo che avremo raggiunto l'obiettivo. Purtroppo questa emozione è spesso una sciagura che ci lascia distrutti tra progetti incompiuti, aspirazioni abbandonate e addirittura relazioni naufragate.

L'entusiasmo, di cui andiamo in cerca e che consideriamo gradevole, può anche essere causa di grandi sofferenze. In questo caso il colpevole non è tanto l'emozione in sé quanto la sua perdita, che ci spinge a rinunciare alla realizzazione dei nostri sogni, gli stessi che un tempo ci elettrizzavano. Se in un primo momento l'entusiasmo ci induce ad agire, la sua scomparsa ci porta non di rado a desistere. L'azione si dissolve nell'inazione.

L'insegnante di meditazione Eknath Easwaran parla di una parola sanscrita (*arambhashura*) che significa "eroi all'inizio", ossia individui che accettano gli incarichi con tanto di rulli di tamburo, per poi scoprire che l'euforia se l'è squagliata in punta di piedi dalla scala di servizio.

Perché l'entusiasmo svanisce con il passare del tempo? Perché è così che funziona la mente. Associa l'esaltazione alla "novità", e una cosa è nuova solo in un primo momento. Poi ci abituiamo all'oggetto, alla persona o all'ambiente e smettiamo di esserne elettrizzati. Ci emozioniamo all'*idea* di imbarcarci in un nuovo progetto, che quasi sempre si rivela più difficile e più complicato del previsto, e a poco a poco possono subentrare stanchezza, confusione o frustrazione, che vanno a sostituire l'entusiasmo iniziale. Ciò accade anche nelle relazioni, quando la fase romantica finisce e ci rendiamo conto che un rapporto solido e significativo richiede impegno, abilità, pazienza e disponibilità a risolvere i conflitti.

Che cosa facciamo quando l'entusiasmo ci abbandona? Molti accantonano il progetto al quale si erano dedicati e cercano qualcos'altro: un nuovo proposito, un nuovo acquisto, un nuovo partner. Modifichiamo le circostanze, ma non affrontiamo il problema alla radice, perciò ci limitiamo a metterci in fila per ricominciare lo stesso giro, come per un'attrazione a Disneyland. Un'altra possibilità è provare a riaccendere l'euforia. Forse ci riusciamo per qualche tempo, ma ancora una volta il problema rimane.

L'unico modo per risolverlo è non fare più affidamento sull'entusiasmo.

Dobbiamo smettere di associare questa emozione alla tenacia indispensabile per passare all'azione. Dobbiamo tenere duro perché ciò che stiamo facendo continuerà a essere importante anche *dopo* la fine dell'esaltazione.

Così, la prossima volta che cominciate qualcosa di interessante godetevi l'eccitazione che potrebbe accompagnarvi nelle prime fasi del viaggio. Cantate e ballate pure mentre vi incamminate lungo il sentiero di mattoni gialli che conduce alla città di smeraldo nel mondo di Oz, ma non dimenticate che di lì a poco l'entusiasmo scomparirà, rimpiazzato dalla noia, dalla frustrazione e persino dal dubbio. Sarà in quell'istante che ricorderete a voi stessi l'obiettivo, che vi guarderete dentro e troverete la gemma scintillante della vostra determinazione, che scoprirete la capacità di affrontare le difficoltà della vita senza il sostegno della novità e dell'entusiasmo. Questa formula per trasformare i sogni in realtà ha un grande potenziale. È tutto molto elettrizzante, no?

Nuotare contro corrente

Julie Guroff

Il fiume cristallino scorre, scivola, spruzza e scende verso la foce
riversandosi tra rocce che incanalano l'acqua in passaggi angusti
e arricciandosi in mulinelli silenziosi che riflettono il cielo,
le nuvole e il sole splendente.

In una pallida giornata di primavera i pesciolini argentei nuotano
contro corrente per portare a termine la missione di perpetuare la propria vita.
Guardate attentamente.
Osservate come, ogni tanto, l'acqua increspi le loro pinne dorsali.
Provano forse un brivido voluttuoso lungo la schiena mentre le estremità
delle piccole ossa solleticano le vertebre?

I pesciolini non si muovono a velocità costante.
Per spingerli avanti bastano una minuscola flessione laterale e uno scatto.
Poi quasi si fermano, resistendo alla spinta dell'acqua,
prima di riprendere il viaggio. Il ciclo di fatica e riposo, fatica e riposo.
Sfruttando la forza variabile dell'acqua, percorrono
la forma irregolare dell'alveo.
Chissà se apprezzano i diversivi, come un appassionato
di corsa campestre che procede zigzagando tra le colline.

Vicino alla sorgente, in una distesa di increspature bianche,
i pesciolini saltano tra le onde minuscole, con i corpi che si flettono
e sfavillano sotto il sole.
Tra le rocce ci sono piccole pozze immobili che attirano nugoli inesauribili
di insetti saporiti.
Alcuni pesciolini sostano in una pozza appena sotto la superficie dell'acqua
e si godono il banchetto.

È faticoso nuotare contro corrente? Probabilmente sì.

I pesciolini si lamentano forse dell'acqua che cerca di trattenerli, della sensazione di non concludere nulla, della difficoltà di avere abbastanza presenza di spirito per sconfiggere la pressione?

A quanto pare, no.

Nuotare contro corrente è la loro vera natura.

Accettano la corrente capricciosa così com'è e nuotano con eleganza.

Le persone, tuttavia, non sono sempre così aggraziate.

Tendiamo a lamentarci e a fuggire dalla pressione contraria con cui ci scontriamo mentre facciamo ciò che dobbiamo fare.

C'è il collega litigioso che crea problemi, o la spesa medica urgente il cui costo è pari al prezzo di un oggetto che avevamo adocchiato.

E poi ci sono le pressioni interiori: paura del fallimento, deconcentrazione, ansia oppure il dolore sordo scaturito dalla consapevolezza di aver rimandato o evitato ciò che richiede la nostra attenzione.

A volte ci arrendiamo e veniamo trascinati a valle verso la distrazione successiva.

Il flusso incessante di pensieri, emozioni e circostanze esterne preme contro di noi come se volesse trattenerci.

Ogni tanto, però, gli individui apprezzano la pressione che si oppone ai loro sforzi, chiamandola allenamento o pratica.

Esiste persino un'azienda che pubblicizza una piscina con una pompa incorporata, capace di generare una corrente contro cui l'agiato proprietario può nuotare!

Perché limitarci a simili diavolerie per acquisire talento, forza ed eleganza sotto pressione?

La fonte della corrente naturale che cerchiamo di contrastare è a monte, proprio dove vogliamo arrivare.

Siamo in grado di accettare la corrente naturale e mutevole del fiume della vita così com'è?

Sappiamo nuotare con un misto di eleganza e fatica con e contro la corrente, dimenticando l'acqua (e noi stessi) quando viviamo occasionali momenti di gioia?

Abbandonandoci al movimento. Assecondando il ciclo: fatica e riposo, fatica e riposo.

«*Ho la fortuna di...*»

Kate Manahan

Vi succede mai di dover interrompere quello che state facendo per andare a prendere i bambini all'asilo? O di preparare la cena per puro senso del dovere e non perché ne abbiate voglia? Se usate regolarmente i verbi "devo" o "dovrei", forse trarrete beneficio da questo esercizio, che un'amica mi ha insegnato non molto tempo fa.

Ogni volta che avete la tentazione di dire: «Dovrei» o «Devo» provate a rimpiazzare queste parole con «Ho la fortuna di».

Questa semplice sostituzione dà il via a una serie di ragionamenti molto diversi. «Devo andare a prendere i bambini» diventa «Ho la fortuna di poter andare a prendere i bambini». Considerate il significato della nuova frase. Potrò parlare con le maestre, fare due chiacchiere con le altre mamme nel parcheggio, vedere i visetti rapiti dei miei figli dopo che hanno ascoltato una fiaba, entrare nel bellissimo edificio che i contribuenti hanno costruito per famiglie come la mia. Ho avuto la fortuna di mettere al mondo dei figli.

È sufficiente una piccola correzione per generare un senso di gratitudine simile al Naikan, capace di riportare equilibrio nella mia esistenza.

Ogni tanto, nel tardo pomeriggio, mi ritrovavo a pensare: «Devo mettere su la cena». Ora, quando resisto alla tentazione e uso la formula «Ho la fortuna di», d'un tratto ricordo che la dispensa è piena di cibo e che nel frigorifero ci sono le verdure fresche raccolte dai contadini. I camionisti, lontani dalle loro famiglie, consegnano gli alimenti al mercato. Quando vado dall'ortolano, posso sbizzarrirmi tra circa cinquanta tipi di prodotti.

Questo metodo innesca nell'individuo profonde trasformazioni. Ho la fortuna di poter scegliere tra spaghetti o *tacos* anziché dover mangiare riso bianco o patate lesse un giorno sì e uno no. Ho la fortuna di poter contribuire all'alimentazione e alla crescita dei miei figli, di poter accendere il fornello e avere una fonte di calore immediatamente disponibile, e infine di poter mettere una pentola pulita sul fuoco per cuocere gli ingredienti. In un batter d'occhio sono a metà dell'opera e in uno stato d'animo molto più allegro. Sono grata per le cose belle della vita di tutti i giorni.

È buffo che sia bastata una minuscola correzione linguistica per cambiare il mio modo di pensare. Ho la fortuna di potermi passare il filo interdentale, di poter portare la macchina dal meccanico, di poter aiutare i miei figli a trovare una soluzione realistica ai loro conflitti.

Usare le parole *ho la fortuna di* mi ricorda che i gesti quotidiani sono doni. La vita offre una miriade di opportunità per la soddisfazione dei bisogni umani. In quest'ottica ogni cosa è una benedizione del cielo. Finalmente l'ho capito. Che cosa avrò *la fortuna di* fare oggi?

La pala dimenticata

In una giornata torrida, gli iscritti al centro Zen Tassajara presero gli attrezzi e si inerpicarono lungo un interminabile e polveroso sentiero di montagna per completare un progetto. Quando raggiunsero la cima, si accorsero di aver dimenticato la pala e cominciarono a litigare per stabilire chi sarebbe dovuto tornare indietro a prenderla.
Alla fine della discussione si resero conto che Roshi (Shunryu Suzuki) non c'era più.
Era già a metà sentiero e stava andando a recuperare la pala.

Non corriamo troppo

Donella Meadows

Quelli che pensano di dover salvare il mondo – dalla distruzione ambientale, dall'avidità insaziabile, dal degrado morale, dalla droga, dalla criminalità, dal razzismo eccetera – sono molto occupati a battersi per i loro rimedi preferiti. Buoni scuola. Tasse sulle emissioni inquinanti. La riforma del finanziamento ai partiti. La legge per la tutela delle specie in via di estinzione. La riduzione dell'imposta sui redditi da capitale. Una regolamentazione più severa. L'assenza di regolamentazione. Insomma, quella lunga lista di Sacri Graal incoerenti con cui amiamo saltarci alla gola a vicenda. Tuttavia esiste una soluzione ai problemi del mondo che questi attivisti forsennati non menzionano mai.

Rallentare.

Questo potrebbe essere l'unico rimedio efficace per la particolare missione di salvataggio del mondo cui voglio dedicarmi: la lotta per la sostenibilità, per una vita armoniosa che rispetti i limiti e le leggi del pianeta Terra.

Se non avessimo tutta questa fretta, avremmo il tempo di andare a piedi anziché in auto, di viaggiare in barca a vela anziché in aereo. Di raccogliere la sporcizia che seminiamo qua e là. Di discutere i progetti con la comunità prima di mandare i bulldozer a fare cambiamenti irreversibili. Di calcolare quanto pesce possa produrre l'oceano prima che i pescherecci facciano a gara per depredare il poco che resta.

Immaginate di muovervi a un ritmo abbastanza lento non solo per annusare i fiori, ma anche per percepire le sensazioni del vostro corpo, per giocare con i bambini, per guardare in faccia le persone care senza i vincoli imposti da orari o tabelle di marcia. Supponete di non dovervi più ingozzare al fast food e di iniziare ad assaporare lo *slow food*, coltivato, cucinato, servito e mangiato con amore. Ipotizzate di avere ogni giorno la possibilità di starvene seduti per un po' in silenzio.

Credo che se facessimo queste cose, il mondo non avrebbe bisogno di essere salvato. Ridurremmo drasticamente il consumo di energia e di risorse perché godremmo appieno di ciò che usiamo. Non dovremmo acquistare un mucchio di oggetti che ci permettano di risparmiare tempo (vi siete mai chiesti che fine facciano i minuti che economizziamo grazie a questi aggeggi?). Non commetteremmo così tanti errori. Ci ascolteremmo di più e ci feriremmo di meno. Forse avremmo persino la possibilità di ragionare sulle nostre soluzioni preferite, di testarle e di osservarne i veri effetti.

Secondo Thomas Merton, scrittore statunitense che apparteneva all'ordine dei monaci trappisti, attivismo e superlavoro possono essere considerati una "forma dilagante di violenza" diffusa; la smania, l'ansia di fare sempre e comunque diventa fine a se stessa e non può conciliarsi con un'azione ponderata e saggia.

Un amico che vive in India sostiene che l'assalto furioso della pubblicità occidentale nel suo Paese è un autentico attacco culturale, non tanto per il contenuto degli annunci quanto per il loro ritmo. Le raffiche frastornanti di programmi televisivi, e soprattutto di spot pubblicitari, sono inconciliabili con la tradizione millenaria della contemplazione. Non stento a crederci, ho trovato esasperante la lentezza con cui si fanno le cose in India. Questa gente non sa che il tempo è denaro? Di sicuro sa che il tempo è vita e che sfrecciarvi attraverso significa perdere la possibilità di vivere.

Rallentate. Fatelo come prima cosa.

Poi, pian piano, con calma, pensate a cos'altro potreste fare. L'unico inconveniente è che non posso prescrivere questa cura agli altri perché ho molte difficoltà a seguirla in prima persona. È molto facile essere travolti dal ritmo convulso del mondo. Come quasi tutti i salvatori di mia conoscenza, sono troppo indaffarata per mangiare bene, per restare seduta in silenzio, per fare una vacanza e, in certi giorni, anche solo per pensare.

Rallentare. Ottimo consiglio. Peccato che non abbia il tempo di metterlo in pratica, devo andare a salvare il mondo.

Il ritmo della vostra attività

"*C'è un ritmo in ogni cosa.*

Miyamoto Musashi[1]

Molte canzoni pongono l'accento prima sul ritmo e poi sul testo o sulla melodia, perciò è possibile che all'inizio del brano l'ascoltatore percepisca solo l'elemento ritmico. Avevo un piccolo studio di incisione e, quando si incide un pezzo, la prima cosa da fare è decidere il ritmo. Si possono registrare i battiti di un metronomo o una "traccia di batteria" che poi dettano il tempo della canzone. Se si balla sulle note di una musica, generalmente non si segue la melodia o il testo, bensì il tempo o il ritmo. Se il tono del ritmo è profondo, per esempio un basso o una grancassa, il corpo sente le vibrazioni e, poiché si sintonizza su quella lunghezza d'onda, non è neppure necessario pensare alla musica. Semplicemente ci si muove in sincronia con il ritmo.

Molti imprimono un ritmo di base alle loro giornate, o almeno alle mattinate. Esso non riguarda tanto le azioni che si compiono (lavarsi i denti, preparare il caffè) quanto la velocità con cui si portano a termine. Pensate al vostro ritmo mattutino. Iniziate molto lentamente e poi accelerate negli ultimi dieci minuti perché vi accorgete di essere in ritardo? Oppure tenete una velocità relativamente costante dal momento in cui vi alzate a quello in cui salite in auto per andare al lavoro? E i vostri figli? Quanto tempo impiegano la mattina per prepararsi per andare a scuola?

Nell'arco di una singola mattinata, inoltre, ciascuna attività ha un ritmo tutto suo. Per esempio, io ho i miei tempi per fare il caffè o per spostarmi da una stanza all'altra, per andare in bicicletta e mettere via la spesa. Forse non vi accorgete del vostro ritmo mentre passate da una mansione all'altra, ma vi assicuro che c'è.

---

1. Miyamoto Musashi (1584-1645) fu un maestro di spada e un samurai. È l'autore del *Libro dei cinque anelli*, un testo di strategia e filosofia militare.

> “*Occorre comprendere e distinguere il ritmo di progressione e deterioramento di tutte le cose.*
>
> Miyamoto Musashi

Tra il primo e il secondo anno di università lavorai al centro di smistamento dell'Ups a Northbrook, nell'Illinois. Il mio compito era caricare i pacchi sui veicoli: non i furgoni che effettuano le consegne, bensì i lunghi autoarticolati che si incrociano in autostrada. C'erano letteralmente chilometri e chilometri di nastri trasportatori che trasferivano i colli in corrispondenza dei camion dopo che erano stati smistati in base al codice di avviamento postale. Mi assegnavano a un determinato veicolo e dovevo prendere i pacchi quando scivolavano giù dal nastro e quindi portarli sul retro dell'autoarticolato, dove li impilavo formando una parete compatta in modo che potessero essere trasportati senza danneggiarne il contenuto. Ci avevano insegnato una particolare strategia di carico, e per metterla in pratica correttamente dovevamo fare attenzione a come sovrapponevamo i colli.

Il problema era che la velocità con cui cadevano dal nastro variava moltissimo; a volte arrivava una scatola, la prendevo, mi spostavo verso l'autoarticolato e sceglievo accuratamente il punto in cui collocarla, poi tornavo indietro e aspettavo il pacco successivo. Spesso, e senza preavviso, i colli cominciavano tuttavia ad arrivare a raffica e, mentre ne sistemavo uno, ce n'erano già altri in attesa. Non è difficile immaginare che cosa dovessi fare a quel punto: ero costretto ad accelerare, adattando il mio ritmo a quello delle scatole.

Forse è successo anche a voi: vi ritrovate in una situazione in cui i pacchi si susseguono molto velocemente; avete l'acqua alla gola, perciò vi affrettate per essere all'altezza del compito che vi è stato affidato. Va benissimo. Il problema è che potreste prendere un ritmo incalzante e quindi applicarlo a ogni ambito della vita, ma non tutte le situazioni richiedono di schiacciare l'acceleratore.

Di recente ho letto la storia di un padre che doveva lavorare quasi sempre a una velocità folle. Di sera aveva difficoltà a rallentare e a rilassarsi, anche quando avrebbe potuto fare le cose con calma. Rimboccava le coperte al figlioletto di due anni e gli leggeva una favola, ma ben presto si spazientiva e stringeva i tempi benché il bambino avesse difficoltà a tenergli dietro. Un giorno sentì parlare di un libro intitolato *Le favole in sessanta secondi* e pensò: «Fantastico». Avrebbe potuto levarsi il pensiero in un minuto soltanto. Per fortuna gli si accese una lampadina. «Aspetta un attimo. Questo è un momento speciale per me e per mio figlio. Perché sto cercando di affrettarlo?»

Il fatto è che quando prendiamo un certo ritmo diventa difficile adattarlo alle singole circostanze. Mi sono avvicinato allo Zen in un tempio Rinzai in Giappone. Tra una meditazione seduta e l'altra praticavamo la meditazione camminata, muovendoci in cerchio molto velocemente, quasi correndo; è questa la tecnica che ho appreso in quel periodo. Qualche anno dopo ho studiato con Thich Nhat Hanh, un maestro Zen vietnamita. Anche lui insegnava la meditazione camminata, ma raccomandava di andare piano. *Mooolto piaaano*. Mi sono sentito piuttosto goffo e ho faticato a concentrarmi e ad adeguarmi. Ho impiegato tempo per familiarizzare con il nuovo metodo.

Il segreto sta nell'essere in grado di adattare il proprio ritmo alla situazione in cui ci troviamo. Se una mattina facciamo i bagagli perché abbiamo un aereo da prendere, è probabile che dobbiamo fare in fretta. Se leggiamo una favola della buonanotte a nostra figlia, forse è più piacevole un ritmo lento e rilassato. Non esiste un ritmo ideale per la vita, come non ne esiste uno per la musica.

Questo principio però ha un "difetto": forse avete notato che generalmente è più facile focalizzare l'attenzione sul compito da svolgere quando si segue un ritmo "moderato". Se andiamo troppo veloci, corriamo il rischio di perdere concentrazione e che la mente acceleri rispetto al corpo, ma, se andiamo troppo piano, la mente comincia a blaterare senza sosta di cose che non c'entrano nulla e ci deconcentriamo ugualmente. Ciò non significa che dobbiamo lavorare a velocità moderata, ma solo che dobbiamo fermare la nostra attenzione sul presente, a prescindere dal ritmo. Che stiate ballando un tango o una musica country, non perdete di vista il momento. Solo così potrete godervi le favole della buonanotte e il chiassoso tragitto verso l'asilo.

Dalla nostra prospettiva è facile vedere il ritmo delle stagioni o quello del giorno e della notte. Dal punto di vista dell'universo (cioè Dio o Buddha) siamo soltanto un battito all'interno di un ritmo molto più grande. La vita è un colpo di grancassa o di piatti. È un palpito eterno. Perciò assicuratevi di andare a tempo e, già che ci siete, fatevi sentire!

Superare l'ostacolo aggirandolo

L'altro giorno stavo percorrendo il nostro vialetto, che era gelato per il nevischio, la pioggia ghiacciata, il sole caldo e infine le temperature rigide. Per un lungo tratto assomigliava a una pista da pattinaggio; anche camminando con estrema prudenza, era quasi impossibile attraversare la lastra senza scivolare e cadere. Così ho deciso di aggirarla muovendomi lungo il bordo della stradina, dove c'erano ancora diversi centimetri di neve dura. In questo modo ho potuto proseguire senza dover sfidare direttamente il ghiaccio.

Questa è la strategia che la terapia Morita suggerisce per affrontare le emozioni fastidiose che ci sopraffanno di tanto in tanto: depressione, paura, ansia, disperazione, frustrazione e persino rabbia. Generalmente ci viene insegnato a prendere i problemi di petto, e questo metodo funziona quando la macchina non parte o il giardino è invaso dalle erbacce. Vi rimboccate le maniche e ce la mettete tutta per trovare una soluzione. Ma non è così semplice quando il "problema" è uno stato emotivo. In questo caso è meglio imparare a "superare l'ostacolo aggirandolo".

"*Esiste un'antica parola buddhista,* ocho, *che significa superare l'ostacolo aggirandolo. Affrontando direttamente il problema, potreste imbattervi in un muro così alto e spesso da non riuscire a sfondarlo. Così vi spostate di lato e lo aggirate. È in questo che consiste l'*ocho. *Anziché sedere desolati davanti al muro che vi impedisce di proseguire, provate ad aggirarlo facendo una lunga deviazione o addirittura scavando sotto la sua base [...]*
A rendere completa questa trasformazione è un atto della mente, semplice e impercettibile, ma prezioso da imparare e perfezionare.

Hiroyuki Itsuki

Bisogna essere molto forti per abbattere il muro della depressione, e molto coraggiosi per sfondare quello della paura, ma per aggirare questi ostacoli non serve forza né coraggio, bensì solo un pizzico di saggezza. Occorrono un obiettivo chiaro e una buona dose di accettazione, perché il ghiaccio rimane intatto e il muro resta in piedi.

Ho visto un musicista che soffriva di ansia da palcoscenico applicare magnificamente questa tecnica. Voleva esibirsi in pubblico ma, quando arrivava il momento, veniva preso dal terrore e la voce gli tremava così tanto da impedirgli di cantare. Sapete come ha sconfitto la paura? Scrivendo una canzone sull'argomento e proponendola durante ogni spettacolo. Maggiore era l'ansia, diceva, e più la voce gli tremava, migliorando l'interpretazione del brano e l'esibizione in generale. Invece di combattere l'ansia, aveva trovato il modo di sfruttarla a proprio vantaggio.

Non superiamo l'ansia distruggendola o sbarazzandocene, ma aggirandola. Non è necessario viaggiare in linea retta: l'acqua non segue un percorso diritto ed è inarrestabile proprio per la sua fluidità. Impariamo l'arte dell'*ocho* e seguiamo l'esempio dell'acqua.

Passare all'azione quando ci sentiamo sopraffatti dalla tristezza

Durante una conferenza, Chögyam Trungpa, il grande maestro buddhista tibetano, diede un ottimo consiglio su come andare avanti nella vita anche quando il cuore è colmo di tristezza.

La prima cosa da fare è essere *disposti a conservare nel cuore la sofferenza e la tristezza*. Lo facciamo quasi tutti, ma non siamo abbastanza bravi: siamo delusi perché non abbiamo ottenuto la promozione, disperati perché nostro figlio è tossicodipendente o sconfortati perché, guardando il telegiornale, assistiamo al dilagare della violenza e del male nel mondo. Ma *conservare nel cuore la tristezza* e *la sofferenza* significa essere consapevoli della loro presenza. Dobbiamo avvertire e riconoscere la sensazione di delusione, sconforto e frustrazione, e conservarla nel cuore con calore e tenerezza.

Pensate a come reagite di solito alla tristezza o alla depressione: volete liberarvene. Volete evitarle, allontanarle. È questa la principale ragione per cui le persone vanno in terapia. Vogliamo aggiustare i nostri sentimenti, il che è molto diverso dal *conservarli nel cuore*, perché in quest'ultimo caso andiamo incontro alla tristezza con affetto e alla sofferenza con sollecitudine e sincerità.

Trungpa non si fermò qui, ma suggerì di serbare nel cuore, allo stesso tempo, anche "l'immagine e la forza del Grande Sole d'Oriente". Questa sì che è una frase oscura. Tanto per cominciare, che cos'è il Grande Sole d'Oriente? Esso rappresenta una combinazione di saggezza e disciplina, la possibilità di andare avanti, di aprire gli occhi sulla vita. Ci indica cosa fare e cosa no. È allegro, luminoso e reca in sé la virtù della non aggressione. Dunque siamo invitati a tenerci strette questa immagine e questa forza mentre anneghiamo nella tristezza e nella sofferenza. È possibile? Possiamo conservare nel cuore due visioni apparentemente contrastanti? Fate una prova.

Questa mattina, seduto sul patio del ToDo Institute, ammiro una splendida valle inondata di luce, che illumina i versanti ondulati delle Green Mountains. Le ghiandaie, le cince e i corvi cantano in sottofondo. Gli scoiattoli rossi squittiscono sul grande pino sopra di me. Soffia una brezza leggera e i petali delle petunie ondeggiano appena. Tuttavia sono triste. La scorsa settimana hanno diagnosticato un cancro a mia madre, che ha ottantatré anni, vive a più di mille chilometri di distanza ed è ricoverata in una casa di riposo. È sola e depressa. Rifiuta le terapie e dice che vuole morire. Così conservo nel cuore questa immensa tristezza mentre mi crogiolo al sole, con il canto degli uccelli e la gioia di essere circondato da una famiglia meravigliosa. So che la vita è fugace e che tutto cambia, e allo stesso tempo sono pervaso dal dolore per la sofferenza di mia madre.

Il poeta Issa esprime magnificamente questo concetto in uno dei suoi *haiku* [breve componimento poetico di tre versi, N.d.T.] più famosi:

Il mondo di rugiada
è un mondo di rugiada;
eppure...

Compose questi versi dopo il funerale della figlia neonata. Tutti e tre i suoi bambini morirono prima di compiere un anno. Quanta tristezza doveva avere nel cuore! Sapeva che il mondo è transitorio. Il "mondo di rugiada" è una dimensione di nascita e morte. La rugiada compare la mattina e svanisce quando viene sfiorata dai raggi del Sole. Ogni cosa è soggetta al cambiamento. Accennando al "mondo di rugiada", Issa dimostra pertanto la propria presa di coscienza. Ha capito come funziona il mondo. Ma il suo "eppure" è una dichiarazione di dolore, il grido di un essere umano, che riflette la sua umanità di padre. In questa brevissima poesia, egli manifesta insieme tristezza e saggezza, e sembra conservare nel suo tenero cuore tanto la sofferenza quanto il Grande Sole d'Oriente.

Il consiglio di Trungpa prevedeva un'ultima fase: concedersi una tazza di tè. Fin qui le sue parole hanno riguardato la meditazione e la contemplazione, ma il maestro ora ci chiede di passare all'azione, di alzarsi e di vivere la vita. Che cosa c'è da fare? Preparare una tazza di tè? Dare da mangiare agli uccellini? Organizzare un viaggio per andare a trovare nostra madre? Scrivere una lettera a un politico? Il nostro cuore è pieno sia di tristezza che di gioia, e lo portiamo con noi quando compiamo un'azione. Continuiamo a vivere, ma con la consapevolezza che la nostra vita (come quella di tutti) è un fascio di sofferenza e felicità.

Pema Chödrön, insegnante buddhista ed ex discepola di Chögyam Trungpa, precisa in merito a questa citazione del maestro: anche quando si è disposti a riconoscere la tristezza, non dobbiamo lasciarcene sopraffare.

Questa è la difficoltà che molti di noi incontrano quando riconoscono il proprio dolore e la propria sofferenza. Ne siamo sopraffatti. Perdiamo di vista il Grande Sole d'Oriente e non passiamo all'azione, oppure agiamo sulla spinta di un cuore consumato dalla tristezza e dalla depressione.

Oggi abbiamo un'enorme sfida da affrontare. Dobbiamo riconoscere la tristezza, ma anche la gioia, l'affetto e le cose belle della vita. Dobbiamo sentire il dolore, ma senza lasciarci sopraffare. Dobbiamo portare con noi questo cuore triste e gioioso, vivere la vita e fare ciò che è importante.

È chiedere molto, vero? Sì, eccome.

Il non attaccamento: lo sforzo e i risultati

Ogni volta che ci troviamo di fronte a una situazione difficile, una delle cose più sagge che possiamo fare è prenderci qualche minuto per provare a distinguere tra fattori controllabili e fattori incontrollabili. Questo è uno dei fondamenti della terapia Morita, nonché un esempio di come qualcosa di molto semplice possa anche essere molto utile.

Vi suggerisco di prendere una penna e un foglio; dividetelo in due colonne

Continua a mettere un piede davanti all'altro

Una storia della tradizione tibetana racconta di un giovane che da diversi anni segue un percorso di formazione spirituale con un maestro e che si ritrova a dover affrontare una prova. Deve entrare in una stanza immersa nel buio più assoluto, attraversarla e trovare l'uscita. Nel locale ci sono dei demoni, ciascuno dei quali rappresenta una sua grande paura. Mentre si prepara, il maestro gli dà due consigli:

«Primo, ricorda che i demoni non sono reali. Quando li incontrerai, tuttavia, ti sembreranno tali. Perciò conserva la presenza di spirito e, anche quando sarai pervaso dal terrore, non dimenticare che il demone non esiste».

«E qual è l'altro consiglio, maestro?»

«Qualunque cosa accada, continua a mettere un piede davanti all'altro. Se insisti, prima o poi troverai l'uscita ma, se ti fermi, la tua attenzione sarà assorbita dalla paura e sarà difficile convincere il tuo corpo a muoversi di nuovo.»

Il giovane fa tesoro dei due suggerimenti e varca la soglia della stanza. Demoni orrendi, con le sembianze delle sue paure, corrono verso di lui e lo attorniano. Di tanto in tanto il discepolo dimentica il primo consiglio del maestro e crede che siano reali, ma continua a mettere un piede davanti all'altro e trova l'uscita.

e, mentre riflettete sulla situazione, collocate ciascun fattore nella colonna corrispondente. Finirete per avere una "mappa" che mostra gli aspetti su cui potete intervenire (le azioni controllabili) e quelli che non potete condizionare (le azioni incontrollabili). Così vi sentirete responsabilizzati ad agire e a fare il possibile.

Questo esercizio è proficuo anche quando entrano in gioco desideri e aspirazioni. Viviamo in una cultura orientata all'obiettivo e veniamo incoraggiati a individuare gli scopi, ad annotarli e a impegnarci per raggiungerli. Non c'è nulla di male in questo, ma ben presto possiamo ritrovarci a focalizzare l'attenzione solo sugli obiettivi, che coincidono quasi sempre con i risultati. *E i risultati, il più delle volte, sono incontrollabili.* Trovare lavoro, perdere peso, far pubblicare un libro e instaurare una relazione seria sono esempi di risultati che non si possono influenzare. Quando li mettiamo al centro dei nostri pensieri, definiamo implicitamente il successo in base alla capacità di ottenere qualcosa che sfugge al nostro controllo. A volte ci riusciamo, altre no.

L'unica alternativa valida è concentrarsi sullo sforzo che si compie. Trattandosi di un'azione, cioè di una cosa che possiamo fare, è quasi sempre controllabile. Prendiamo come esempio la ricerca di un lavoro. Il risultato, naturalmente, è farsi assumere ma, per quanto siamo tenaci o ci presentiamo bene, di sicuro non possiamo costringere nessuno ad accettare la nostra candidatura. Invece dobbiamo fare il miglior sforzo possibile, per esempio preparando un curriculum interessante, creando una rete di contatti e spedendo molte domande di assunzione con lettere di accompagnamento personalizzate. Possiamo chiamare e richiamare, arrivare puntuali ai colloqui e dimostrare le nostre competenze.

Se prendiamo questi e altri accorgimenti, troveremo un buon lavoro? Non è detto. Nulla garantisce che verremo assunti ma, se faremo tutto il possibile e se lo faremo al meglio delle nostre capacità... avremo ottenuto un successo in ogni caso.

Quasi tutti vorremmo avere la certezza che se ce la mettiamo tutta per conseguire un obiettivo, ci riusciremo. Ma non è sempre così. Dobbiamo accettare i limiti del controllo umano sul mondo, l'imprevedibilità della vita.

L'attaccamento agli scopi ci imprigiona nel tentativo di avere un controllo sempre maggiore, che non solo genera delusione ma diventa anche una fonte continua di stress e pressioni.

Il secondo vantaggio di spostare l'attenzione dagli obiettivi allo sforzo è la *necessità di concentrarci sul presente anziché sul futuro*.

Gli obiettivi sono ciò che desideriamo o speriamo accada più avanti. Rappresentano una distanza tra la vita così com'è e la vita come ci auguriamo che sia. Lo sforzo, tuttavia, si compie ora! Quando passiamo dal domani all'oggi, passiamo anche dalle fantasie della mente alla solida realtà della vita vera. Immaginate di voler fare un viaggio intorno al mondo.

Che cosa potete fare in questo istante?

- Aprire un conto in banca.
- Cercare i biglietti aerei più economici.
- Scegliere le possibili destinazioni.

Le nostre azioni si collocano nel presente. Le idee riguardo alle azioni sono soltanto pensieri su qualcosa che vorremmo avvenisse più in là.

Inoltre, quando ci concentriamo davvero sullo sforzo anziché sui risultati, troviamo più facile resistere alla tentazione di rinunciare alla nostra integrità. Quando si è ossessionati da un determinato obiettivo, è naturale perdere di vista la morale e i valori: se serve "distorcere un pochino la verità", va benissimo, perché l'essenziale è ottenere il risultato desiderato. Il fine giustifica i mezzi, insomma. Se invece rivolgiamo la mente allo sforzo, è il "come" procediamo a diventare importante. Valutiamo l'impatto delle nostre azioni sugli altri. Teniamo conto di valori come la sincerità, la lealtà e la generosità.

Che cosa significa gestire onestamente una situazione? La prossima volta che prendete in considerazione un obiettivo o un sogno, tornate al presente e fate un passo avanti costruttivo. Puntate l'attenzione sullo sforzo e assicuratevi che sia sincero, rispettoso, tenace e accurato. Quindi lasciate il risultato nelle mani della vita (o di Dio o del Buddha).

Esistono troppe interferenze incontrollabili per prevedere con un minimo di certezza come si evolverà la situazione. Anche una nave robusta e ben costruita può finire fuori rotta.

Dobbiamo trovare il modo di goderci il viaggio anche quando non otteniamo gli esiti sperati. Ogni tanto i risultati sorprendenti e inattesi sono un autentico dono del cielo. Allora ci rendiamo conto che vale la pena vivere anche se non abbiamo il controllo. E questo apre una porta… alla fede.

Il quadro generale

C'è un libro per ragazzi, intitolato *Zoom*, di Istvan Banyai, che non contiene parole, ma soltanto immagini. Sulla prima pagina sono raffigurate delle forme rosse e appuntite. Sulla seconda, un gallo. Perciò si intuisce che l'illustrazione precedente rappresenta la cresta.

Zoom indietro, e si vede un gallo su uno steccato, con due bambini che lo guardano da una finestra. Girando la pagina, si scopre che sono in una fattoria.

Un altro zoom indietro, e salta fuori che tutti questi oggetti – il gallo, i bambini, la fattoria – sono semplicemente i giocattoli di una bambina.

Continuando a sfogliare, si scopre che la scena è, in realtà, l'illustrazione sulla copertina di un libro e che quest'ultimo è posato sulle ginocchia di qualcuno che sta facendo un pisolino su una sedia a sdraio.

La prospettiva si allarga a ogni pagina, così il lettore si rende conto che ciò che credeva di aver visto è solo una parte di qualcosa di più grande. Il quadro si amplia sempre di più.

Secondo la maestra buddhista Pema Chödrön, se vi sedete sugli scogli affacciati sul golfo di San Lorenzo in Quebec (Canada), e guardate giù, la vostra reazione sarà più o meno: «Wow, è immenso!» e la vostra mente si aprirà, ma dopo un po' inizierete a preoccuparvi per qualcosa e perderete questa ampia prospettiva. A suo parere, il trucco è la capacità di ritrovare questo punto di vista, sempre e in qualunque momento.

Quando vi imbarcate in un progetto di portata medio-grande, può essere utile sia immaginare come si concluderà sia analizzare come si inserirà nel quadro generale della vostra vita e della vostra eredità e, infine, provare a capire come influirà sul mondo circostante.

Quando ci mettiamo all'opera, tuttavia, lavoriamo sempre sui dettagli. Dettagli, dettagli, dettagli. Non scrivete un romanzo, bensì un particolare dialogo tra due personaggi. Non ristrutturate il seminterrato, bensì installate il water e cercate di far funzionare lo sciacquone. Prima o poi, però, incappate in problemi e ostacoli, a volte anche notevoli.

È allora che può essere proficuo allargare la prospettiva. Esaminate i meccanismi interni del water. Girate la pagina, ed ecco casa vostra. E poi la vostra famiglia, compresi i bambini, seguita dal lavoro, dall'azienda che vi ha assunti e dalla scuola dei vostri figli. Continuando a "sfogliare il libro", notate che ci sono milioni di case, quasi tutte con uno o due water, e poi famiglie, criminalità, ingorghi stradali, partorienti, funerali e feste di compleanno. È questo il quadro più generale in cui quel particolare water non funziona in quel determinato momento.

Fate un passo indietro, insomma, e contemplate la vastità dell'universo facendo un profondo respiro. «Wow, è immenso!» pensate. Riflettete sulla vita, sui quindicimila giorni che avete vissuto finora e sulla possibilità di averne altri quindicimila o forse solo qualche centinaio. Siete inseriti nel quadro generale, dove il water capriccioso non merita la sofferenza emotiva che provate a causa sua. Così dopo un altro respiro vi allungate verso lo sciacquone e, come un chirurgo, regolate leggermente la valvola, un dettaglio inserito in un altro dettaglio, perché alla fine sono i dettagli a fare la differenza tra un water che funziona e uno che non funziona. Infine tirate lo sciacquone, e nella tazza scende un liquido contenente atomi di idrogeno e di ossigeno che forse componevano l'acqua in cui Giulio Cesare si fece il bagno o con cui fu spento il grande incendio di Londra nel XVII secolo.

Per quanto la vostra prospettiva sia ampia, è sempre formata da dettagli e, per quanto il dettaglio sia piccolo, fa sempre parte di un quadro più generale.

Gestire le scadenze

"Non ho bisogno di tempo, ma di una scadenza.

Duke Ellington

Una decina d'anni fa Dan Ariely, un docente della Duke University (USA), condusse un interessante esperimento. Formò tre classi, ciascuna delle quali aveva tre settimane per finire tre relazioni. La classe A doveva consegnarle tutte l'ultimo giorno di lezione; la classe B doveva scegliere tre date diverse e rispettarle; la classe C doveva ultimare un compito la settimana. Eventuali ritardi avrebbero comportato forti penalizzazioni sul voto finale. Quale classe ottenne il punteggio migliore? La C, quella con le tre scadenze precise, si assicurò il primo posto. La B, che aveva dovuto fissare le date in anticipo ma aveva goduto di totale libertà, arrivò seconda, e la A, che aveva potuto aspettare l'ultimo giorno, risultò la peggiore.

Che cosa possiamo imparare da questo esperimento sulla procrastinazione? Gli studenti che avevano potuto scegliere tre date a piacere (B) mostrarono la tendenza a distribuirle nell'arco delle tre settimane. Avevano previsto che avrebbero procrastinato, così avevano optato per tre scadenze diverse. In quel modo non avrebbero dovuto lavorare su tutte e tre le relazioni contemporaneamente. Gli studenti che non avevano avuto alcuna scelta (il gruppo C, dove era stato il professore a fissare le consegne) se la cavarono un tantino meglio. Quelli cui non era stata imposta nessuna scadenza (A) rimandarono tutti e tre i compiti alla terza settimana, ottenendo i risultati più deludenti.

Perciò se siete consapevoli di avere la tendenza a procrastinare determinati compiti, partite avvantaggiati, perché avete la possibilità di adottare un approccio che tenga conto della vostra propensione a rimandare. Ma la vera differenza tra affrontare la procrastinazione e superarla sta tutta... nelle emozioni! Il più delle volte questa inclinazione è provocata dall'abitudine di prendere una decisione nel momento presente in base a ciò che abbiamo voglia di fare in quell'istante. Se non siamo dell'umore di fare una cosa ora, probabilmente non lo saremo nemmeno più tardi, perché (mi seguite?) *più tardi* sarà soltanto un altro *ora*. Se non siete in vena di compilare la dichiarazione dei redditi ora, accettate il fatto che con molta probabilità non lo sarete mai.

Il cambiamento drastico di cui abbiamo bisogno è il passaggio da un approccio incentrato sulle emozioni a uno incentrato sull'obiettivo.

La domanda non è «Che cosa ho voglia di fare?», bensì «Che cosa occorre fare?». Non c'è sistema di gestione del tempo che possa aiutarci finché non acquisiamo la capacità di prendere le decisioni in base allo scopo anziché alle emozioni. Questa è una delle ragioni per cui la terapia Morita è così utile. Ci insegna proprio questo: scopriamo che possiamo coesistere con le emozioni e portarle con noi. Non le combattiamo. Non le correggiamo. Non le trasformiamo. Conviviamo con loro mentre ci rimbocchiamo le maniche e ci diamo da fare.

Occorre essere molto maturi per intraprendere un progetto con largo anticipo, se si tratta di qualcosa che non ci piace. La maggior parte di noi ha bisogno della pressione di una scadenza imminente per mettersi al lavoro. Perché? Perché la sensazione di fastidio o avversione che associamo a quel compito è più intensa dell'ansia di portarlo a termine. Così aspettiamo che la paura o l'agitazione diventino più forti dell'avversione. È una guerra tra emozioni. L'alternativa è semplicemente eseguire l'incarico perché è ciò che va fatto, a prescindere da come ci sentiamo.

Possiamo chiamare questa dote maturità o autodisciplina, ma in realtà coincide con la capacità di convivere con i sentimenti e, quali che siano, passare ugualmente all'azione.

Tagliare il traguardo: le ciccione non fanno triathlon (oppure sì?)

Margaret Mckenzie e Jennifer Bucko Lamplough

Mia nuora si definisce una "cicciona". Io la considero una donna forte e determinata. Da quando l'ho conosciuta sette anni fa, il giorno in cui mio figlio ce l'ha presentata, ha scritto e pubblicato due libri, conseguito un master e fondato un "Laboratorio di idee" nell'università dove è la preside della facoltà di studi interdisciplinari.

Quest'estate, quando Jen ha deciso di partecipare a un triathlon nove anni dopo il suo primo tentativo, non ho avuto il minimo dubbio che sarebbe arrivata fino in fondo. Tuttavia era preoccupata. Era molto ingrassata rispetto alla prima volta e più robusta di tutte le altre partecipanti. Durante l'allenamento ha tenuto un blog intitolato "Le ciccione non fanno triathlon… oppure sì?" Ad accompagnarla durante la preparazione e la gara c'erano due vecchie amiche, Meg e Liz. Ero presente quando ha tagliato il traguardo l'11 giugno 2011. È stato un momento indimenticabile. Il messaggio che Jen ha scritto sul blog in seguito mi ha rammentato i principi della terapia Morita e quanto gli sforzi di mia nuora incarnassero quelle idee. La gara comprendeva tre specialità: nuoto, ciclismo e corsa. Jen è partita alla grande, completando la prima parte in meno tempo del previsto. Lungo il percorso di ventidue chilometri in bicicletta, però, è rimasta indietro e alla fine si è ritrovata ultima, seguita solo dalla safety car. Poi è stato il turno della corsa. Ecco come descrive la sua esperienza:

Era la parte più difficile. Quando ho cominciato i sei chilometri di corsa, le altre avevano concluso la gara e stavano tornando a recuperare le biciclette. Loro avevano finito e io ero solo all'inizio della prova più dura, così sono andata nel pallone. Il mio monologo interiore è stato più o meno questo:

«Le altre hanno finito, **FINITO***. Oddio, non ce la farò mai. Ho il telefono. Posso chiamare Mike e chiedergli di venire a prendermi. Le altre hanno finito? Oddio, sono l'ultima. Ho tutti gli occhi puntati addosso. Non posso farcela, non posso farcela, non posso farcela».*

Non riuscivo a zittire questi pensieri orribili. Avevo le gambe pesanti come piombo. Mi muovevo o ero ferma? Non avrei saputo dirlo. Ho continuato a camminare, senza nemmeno provare a correre. Che cosa significa correre? Mi sto muovendo? Gli spettatori mi incoraggiavano urlando: «Puoi farcela». Avrei voluto far loro un gestaccio o prenderli a martellate in testa, ma volevano solo essere gentili, così ho sorriso e li ho ringraziati.

*Un piede davanti all'altro. È questo che continuavo a ripetermi. Un piede davanti all'altro. Poi li ho visti: mio marito, mio suocero, mia suocera e la mia cara amica Meg, che aveva appena concluso la gara battendo un record personale. C***o. E giù lacrime. «Ce la sto mettendo tutta!» ho gridato mentre li superavo.*

Meg mi ha domandato se volevo che mi accompagnasse. «No» ho ansimato proseguendo e piangendo. Poi l'ho sentita avvicinarsi. «Vengo con te» ha detto. Okay. Aveva appena tagliato il traguardo e ha ripercorso gli ultimi cinque chilometri con me. Grazie a Dio. Mi ha salvata. Ha fatto cessare le lacrime e l'iperventilazione. I calzoncini mi facevano ammattire, così me li ha portati lei. Ha preso un bicchiere d'acqua in più a ogni punto di ristoro e me l'ha portato lei. Mi ha salvata.

Quando abbiamo girato un angolo a circa centocinquanta metri dal traguardo, ho visto Liz, l'ultimo membro del nostro terzetto, che ci aspettava. Aveva ottenuto un buon tempo e ci è venuta incontro. Era euforica, e il suo entusiasmo è stato una vera e propria iniezione di energia. Ancora cento metri. «Corri!» ha urlato Meg dandomi una spinta.

Mi sono messa a correre e a quel punto ho visto solo la folla che mi incitava e mi applaudiva. Sì, proprio così. Gli spettatori scandivano ritmicamente il mio nome: Jen-ny, Jen-ny. E poi, eccolo: il traguardo. Il bellissimo, magnifico traguardo. L'ho tagliato singhiozzando e sono caduta tra le braccia del mio caro, dolcissimo marito, della coppia di amici che era venuta a vederci, di mio suocero e di mia suocera, e abbiamo riso e pianto di gioia. Gli altri mi davano pacche sulle spalle, mi abbracciavano, si congratulavano e mi portavano acqua e bevande energetiche. Dicevano che ero un esempio da seguire. È stato uno degli istanti più commoventi, emozionanti, umilianti, sconvolgenti e gratificanti della mia vita. Sono arrivata fino in fondo.

Ho anche fatto bella figura. Liz mi ha detto di aver visto concorrenti che si ritiravano dopo il percorso in bicicletta. Ma io non ho mollato. Ho tagliato il traguardo. Ultima, ma di sicuro non la peggiore.

Postfazione: per Jen, quella gara non è stata la fine delle sue performance sportive, bensì solo l'inizio. Nei tre anni da quando questo articolo è comparso in "Thirty Thousand Days", ha ripetuto il Batavia Tri, completato una mezza maratona, partecipato a un Triathlon Ironwoman e a moltissime corse da cinque e da dieci chilometri.

L'ossessione dell'incompiuto

Nel suo stimolante saggio sull'ossessione dell'incompiuto, Michael C. Gilbert scrive: «Se doveste giudicare i vostri progetti in base all'attenzione e all'investimento emotivo che ricevono, considerereste importanti solo quelli che non avete ancora completato. Capite che cosa intendo? Di solito non facciamo una lista dei compiti ultimati durante la giornata, bensì cancelliamo le voci di un elenco delle cose da fare. Non appiccichiamo bigliettini per ricordarci di un successo importante, bensì per non dimenticare le mansioni ancora da svolgere.

C'è qualcosa di terribilmente sbagliato in tutto questo. Con la forza della ripetizione, questa abitudine ci spinge a vedere le mancanze e le carenze della nostra vita più facilmente delle conquiste e delle risorse. Distorce e indebolisce la nostra motivazione perché il futuro non arriva mai davvero e non interiorizziamo correttamente il lavoro completato. Il messaggio che finiamo per recepire in cuor nostro è, credo, che solo l'incompiuto è importante.».

Ebbene, probabilmente anche voi avrete preparato una lista di cose da fare, su un foglio o sul computer, e conoscete bene l'esperienza descritta da Gilbert. Partiamo con un inventario di cose incompiute e poi ingaggiamo una corsa contro il tempo per spuntarle dall'elenco. Quest'ultimo ci ricorda cosa ci aspetta. La nostra energia è prosciugata dall'attenzione al presente, o dalla riflessione sul passato, sulla prossima azione da compiere. È così che diamo alla nostra vita un ritmo frettoloso e caotico.

Permettetemi di fare un confronto con lo studio della musica. Le mie figlie hanno studiato violino e pianoforte per sette anni usando il metodo Suzuki, un approccio giapponese all'educazione musicale. All'inizio si riceve un libro che contiene una ventina di brani, e si comincia a studiare *Mary had a little lamb*. Si può dare un'occhiata alle altre pagine, ma quasi tutte le energie si riversano in quell'unico pezzo. Quando si padroneggia la prima canzone (se è mai possibile conoscere a fondo un classico come questo), si passa alla successiva, ma si continua a suonare *Mary* a mo' di ripasso. Tutte quelle ore trascorse a memorizzare un brano musicale sono fonte di enorme gioia mentre si continua a suonare. Una volta imparati tutti e venti i pezzi del primo libro, si tiene un'esibizione per festeggiare i progressi fatti e condividerli con gli altri. C'è una certa genialità in questo metodo, che permette di concentrarsi totalmente su un compito e poi di celebrarne il completamento davanti a un gruppo di amici e familiari.

L'ideale sarebbe avere una tecnica che ci consentisse di immergerci interamente nell'incarico da svolgere senza la distrazione dell'incompiuto. Quando andate dal medico, può darsi che la visita duri solo un quarto d'ora ma, se quei quindici minuti sono davvero dedicati alla vostra salute, uscite soddisfatti dall'ambulatorio. Pensate invece a un medico che si barcamena tra più pazienti in una volta sola o che dà segni di stizza perché sa di avere la sala d'attesa affollata. Percepite che non vede l'ora di sbarazzarsi di voi per passare alla visita successiva, e il paziente dopo di voi riceve lo stesso trattamento.

Quando portiamo a termine un compito, dovremmo concederci un momento di riflessione. Quali aiuti abbiamo ricevuto? Che cosa abbiamo imparato? Quali problemi abbiamo causato agli altri? Quando penso al numero della rivista che ho appena chiuso o alla casetta sull'albero che ho appena finito di costruire, mi rendo conto che non ce l'avrei mai fatta senza l'aiuto di altre persone e cose. Invece di essere orgoglioso, sono grato a tutti coloro che hanno contribuito al progetto. Anziché scoraggiarmi al pensiero di tutti gli impegni da rispettare, mi sento collegato a ogni cosa, nell'universo, mi permetta anche solo di fare la spesa al supermercato.

Una lista di cose da fare può allora essere uno strumento prezioso: annotare le varie incombenze vi libera dal peso di doverle ricordare a memoria. La produttività di una giornata, tuttavia, non si misura in base alle azioni rimaste incompiute, bensì all'integrità, alla gentilezza e alla riconoscenza per il sostegno ricevuto. Dipende dalla qualità della mia attenzione verso ciò che va fatto e da come tratto gli altri mentre lo faccio. È legata alla presenza (quell'*esserci* di cui abbiamo già detto) e alla tenacia. Per favore, evitiamo di giudicare la nostra vita in base alle azioni che *non* abbiamo eseguito.

La transitorietà e i Lego

"*La transitorietà è l'essenza di ogni cosa.*

Pema Chödrön

Niente rimane uguale. Non è necessario studiare la filosofia o il buddhismo per intuirlo. Basta guardarsi intorno: le stagioni, i nostri figli, le automobili, persino il nostro corpo. Ma sapere che nella vita ogni cosa è transitoria non ci impedisce di resistere al cambiamento e di lamentarci. Non ci piace che i freni della macchina si usurino, che il nostro viso si riempia di rughe, che i ragazzi vadano a studiare fuori sede o che i nostri genitori muoiano. Sudiamo sette camicie per fare in modo che le cose siano come le vogliamo e, una volta portata a termine questa impresa formidabile, desideriamo che rimangano così in modo da poterci rilassare e goderci la vita.

Di recente ho visto *The Lego Movie*. Non è il genere di film che guarderei normalmente, ma avevo letto alcune recensioni interessanti, così ho passato un paio d'ore sul divano con mia figlia seguendo le avventure di queste piccole figure animate, fatte di mattoncini Lego. Il cattivo del film è Lord Business, che odia i cambiamenti. Detesta quando le persone demoliscono e ricostruiscono le cose (*non è questo che si fa con i Lego?*) ed escogita una soluzione: incollare tutto.

È questa la sua risposta alla transitorietà: sconfiggerla. Fermarla.

I protagonisti sono i Mastri Costruttori, dei supereroi fatti di Lego. Creativi ed energici, amano costruire cose nuove riutilizzando parti di quelle vecchie. Sono forze favorevoli al cambiamento, manifestazioni della transitorietà. Si gettano così le basi per una guerra metaforica: stabilità contro temporaneità.

Quando ero bambino, non avevo i Lego, bensì aeroplanini da assemblare con la colla. Una volta costruito il modellino, era tutto finito. Lo posavi sulla mensola e compravi un altro kit. La mia figlia minore, invece, ha giocato per anni con un'incredibile quantità di Lego. Passava giorni a costruire una magnifica navicella spaziale, quindi ce la mostrava e ci giocava per un po'. Infine la smontava e riciclava i mattoncini. I Lego hanno delle vite passate. Un giorno compongono una navicella spaziale, il successivo un castello.

Mi vengono in mente i monaci tibetani che dedicano una settimana a realizzare meravigliosi mandala di sabbia. Poi, quando li finiscono e gli altri hanno avuto modo di ammirarli, li distruggono. Dalla sabbia al mandala e poi di nuovo alla sabbia. Transitorietà.

Una delle difficoltà di vivere in un mondo transitorio è che il cambiamento richiede spesso un'azione da parte nostra. L'inverno cede il passo alla primavera e dobbiamo preparare il giardino per la piantatura. Il tosaerba si rompe e dobbiamo ripararlo. Qualche capello cade nella vasca da bagno e dobbiamo raccoglierlo. Poi ci sono problemi più gravi come licenziamenti, divorzi, lutti, fallimenti.

Ogni cambiamento ci presenta un nuovo dilemma: *E ora che cosa faccio?* È stancante. È stressante. Tutto questo cambiamento. Tutto questo doversi adeguare al cambiamento. Estenuante.

Non c'è da stupirsi che cominciamo a essere diffidenti verso il cambiamento o che ci facciamo prendere dall'ansia quando se ne profila uno all'orizzonte. In ciascuno di noi c'è un Lord Business che vuole mettere le cose a posto e incollarle.

Naturalmente è impossibile, ma la tentazione di provarci è forte.

Che ci piaccia o no, dobbiamo affrontare la transitorietà, e lo facciamo reagendo al cambiamento in base alle circostanze. L'importante non è come ci sentiamo (cioè frustrati) né cosa immaginiamo (scenari desolanti), bensì come agiamo. Accettiamo dunque le situazioni che non possiamo cambiare. Accettiamo la nostra reazione interiore – emozioni e pensieri –, anch'essa impossibile da modificare. E cerchiamo di fare un passo indietro e di avere una visione chiara. Di quali aspetti occorre tenere conto? È così che capiamo che cosa fare e quando farlo.

Non è semplice reagire alla transitorietà della vita quando ci scontriamo con delusioni, angosce e catastrofi. E non è facile passare all'azione quando dentro siamo pieni di ansia, paura e rabbia. Ma c'è un lato positivo in tutto questo. Volete sapere qual è?

La transitorietà.

La situazione in cui vi trovate è destinata a cambiare, a evolversi, a svilupparsi. Succede sempre così. Le emozioni che provate si dissolveranno, spariranno e saranno sostituite da altri sentimenti. È sempre stato così. Non dovrete sopportare queste circostanze in eterno, non dovrete sentirvi così in eterno.

Se non vi piace quello che sta accadendo, statene pur certi, cambierà.
Se siete soddisfatti della situazione, statene pur certi, cambierà.

Queste sono le regole.

Godetevi il gioco. Costruite qualcosa. Smontatelo. Divertitevi. Finirà fin troppo presto.

L'azione compassionevole

Fallo e basta

Margaret Mckenzie

Il maestro di Zen coreano Seung Sahn non conosceva l'inglese quando arrivò negli Stati Uniti. Aveva solo il forte desiderio di insegnare agli studenti americani. Si stabilì a Providence, nel Rhode Island, e trovò lavoro come riparatore di lavatrici. Ben presto alcuni giovani studenti americani bussarono alla sua porta. All'inizio si servì di un interprete per le lezioni, poi cominciò a studiare l'inglese. Mentre insegnava, spesso imparava una frase inglese capace di riassumere il principio Zen che voleva trasmettere, e nelle settimane successive gli studenti la sentivano ripetere senza sosta.

Va' diritto, non sapere, diceva una.

Prova, prova, prova per diecimila anni, recitava un'altra.

E una terza, dieci anni prima che fosse usata per vendere scarpe da una nota azienda di abbigliamento sportivo, esortava: *Fallo e basta.*

Questa formula racchiudeva due significati leggermente diversi. Primo, *fare una cosa alla volta, e farla con il cuore*: quando mangi, mangia e basta; quando dormi, dormi e basta. Niente multitasking, insomma! La seconda connotazione sembra un tantino più sfuggente: *Forza, non esitare! Non permettere che il "piccolo io" del tuo ego ti impedisca di fare ciò che va fatto, di correre il rischio.*

Non credo che Seung Sahn intendesse: "Fa' qualunque cosa ti passi per la testa", bensì che si riferisse alle situazioni in cui abbiamo ben chiara la direzione da prendere, ma poi tentenniamo e ci lasciamo bloccare dai ripensamenti. Il maestro individuò tre atteggiamenti mentali che ci scoraggiano dal "farlo e basta".

- **Pronosticare**: fare previsioni su se stessi o sugli altri.
- **Trattenere**: aggrapparsi alle emozioni riguardanti un'interazione, anche dopo la sua fine, per esempio serbare rancore.
- **inventare**: prendere le parole o le azioni di un'altra persona e creare una storia in base al significato che la nostra mente attribuisce loro (*processo che chiamo "trovare un filo e farlo diventare un maglione"*).

È il pronostico a intralciare spesso lo spirito del "fallo e basta". Abbiamo un'idea – fare un dono, insegnare qualcosa, superare i nostri limiti –, ma poi udiamo il pronostico come una voce in sottofondo.

È troppo difficile.
Non ho abbastanza esperienza.
Non ho tempo in questo momento.
Potrei fare una brutta figura.
Potrei sbagliare.

A dire il vero, alcune di queste voci si sono fatte sentire dentro di me mentre pensavo di scrivere questo saggio. Quando "lo facciamo e basta", ci mettiamo in gioco, esponendoci a lodi e critiche. Lo psichiatra Shoma Morita propone un antidoto efficace contro la voce del pronostico:

Prefiggetevi un obiettivo chiaro, accettate le emozioni e i pensieri, e poi fate ciò che va fatto.

Joseph Goldstein, un insegnante di meditazione Vipassanā, allude proprio a questo quando parla della pratica della generosità. Quando gli viene in mente di regalare qualcosa, spiega, lo fa sempre. «Possono affiorare dei pensieri – "È meglio di no", "Potrebbe servirmi", "Lo potrei tenere per me…" –, ma poi passo sempre all'azione».

Anche Pema Chödrön racconta di quando regalò un maglione a una giovane donna. Pema adorava quel pullover di cachemire, di una sfumatura bordeaux che si intonava alla tunica da monaca buddhista. Lungo il tragitto verso la stazione fu molto indecisa se separarsene oppure no ma, una volta arrivata a destinazione, lo regalò di buon grado.

Spesso pensiamo che gli insegnamenti della terapia Morita servano a combattere le emozioni nevrotiche della paura e dell'ansia, ma questi principi si possono applicare anche ai sentimenti che emergono quando il nostro io migliore – generoso, gentile e premuroso – vuole farsi avanti. È facile ascoltare le voci nella nostra testa che dicono: «No, aspetta… Potrei averne bisogno… Non ho tempo».

Possiamo ascoltare queste voci e poi prendere in considerazione il nostro scopo: essere pienamente umani nelle interazioni con gli altri e…

farlo e basta.

"*Non aspettatevi applausi.*
Questa frase significa non aspettatevi ringraziamenti [...]
Invece che aspettarsi ringraziamenti, sarebbe utile aspettarsi
solo l'inaspettato; allora sì che potreste diventare curiosi e indagare
su ciò che sta per bussare alla porta.
Possiamo iniziare ad aprire il cuore agli altri quando non abbiamo
la minima speranza di ricevere qualcosa in cambio.
Lo facciamo per il puro piacere di farlo.
Possiamo ringraziare gli altri, ma dobbiamo rinunciare alla speranza
di essere ringraziati a nostra volta. Semplicemente tenete la porta aperta
senza aspettarvi nulla.

Pema Chödrön

Sconfiggere i demoni dell'inazione

La paura

La paura è uno degli ostacoli più ricorrenti con cui la capacità di passare all'azione deve scontrarsi. Dentro di noi ribollono emozioni forti. Il corpo si irrigidisce. Iniziamo a immaginare la strada che ci aspetta: fallimenti, imbarazzo, rifiuti, dolore, persino morte. Quando abbiamo paura possiamo ritrovarci "congelati" nell'inazione oppure fuggire a gambe levate, invece che affrontare la cosa che temiamo.

La paura non è necessariamente nostra nemica, anche se di solito sembra così. Può indurci a riflettere bene prima di adottare un comportamento rischioso, avvertirci di essere prudenti e ricordarci che ci sono conseguenze che forse preferiremmo evitare.

L'ondata di paura può spingerci nella direzione per noi più salutare, pur distruggendo la nostra armonia interiore.

> "*Se non avessimo la paura, scommetto che ogni giorno*
> *molti più pedoni morirebbero investiti.*
> *Quando un'auto sfreccia a tutta velocità verso di voi,*
> *non potete evitare di essere travolti anche se restate perfettamente calmi*
> *e padroni di voi stessi.*
>
> Takehisa Kora

Anni fa, una sera abbastanza tardi mi trovavo in metropolitana a New York, di ritorno da un corso. Quella città mi mette sempre ansia. Ero assorto nei miei pensieri quando sentii un violento scossone e alzai gli occhi perplesso. Non c'era niente. Anzi, nessuno. Ero l'unico passeggero del vagone. La paura mi assalì quasi subito. L'adrenalina prese a scorrermi nelle vene. Il respiro accelerò. Cominciai a sudare. Sempre guardandomi intorno, mi spostai verso il fondo della carrozza. Aprii la porta e passai nel vagone attiguo, dove una decina di persone erano tranquillamente sedute.

Quella sera scoprii che la paura può essere energia. Fino al momento in cui mi ero spaventato mi ero sentito stanco, con la mente annebbiata e distratta, ma quando mi accomodai nell'altra carrozza qualche minuto dopo, ero sveglio, scattante e vigile. Avrei potuto giocare una partita di basket.

La paura, dunque, può essere nostra amica e darci l'energia per agire.

In molti casi, però, ci impedisce di passare all'azione quando necessario. Può emergere anche in assenza di un pericolo imminente e può pervaderci mentre facciamo esattamente ciò che va fatto, per esempio quando facciamo qualcosa che ci sta a cuore e desideriamo davvero portarla a termine. Come si fa a mantenere la rotta quando la paura ci esplode dentro? Qual è la strategia più efficace per gestirla?

Dobbiamo acquisire la capacità di convivere con la paura.

Il maestro buddhista Chögyam Trungpa usava il termine "impavidità", spiegando che essere impavidi non significa scacciare o ridimensionare la paura, bensì "superarla".

Il metodo migliore per sconfiggere la paura è perfezionare la capacità di convivere con essa, di accettare il nostro stato interiore – che ci piaccia oppure no – e di continuare con i nostri progetti, sapendo che presto tali emozioni cambieranno.

Che cosa significa convivere con la paura? Essere disposti a coesistere con questo stato d'animo senza provare a modificarlo o a fuggire.

Le emozioni sono sensazioni. La capacità di sopportare le sensazioni che preferiremmo non provare è molto importante. Senza questa tolleranza, la vita resta inutilmente vulnerabile davanti alle emozioni ribelli e capricciose, e i nostri progetti ne sono sabotati altrettanto inutilmente.

Senza questa tolleranza ci lasciamo assillare in misura malsana dall'esperienza interiore, distraendoci dal mondo circostante, dalle esigenze altrui e dai compiti da svolgere. È difficile realizzare i sogni senza convivere con le emozioni che emergono mentre li costruiamo. Prendete atto dell'emozione, riconoscetela per quella che è, fate un bel respiro e convogliate le energie verso ciò che dovete fare.

In questo momento ho molta paura.

Ci accorgiamo della paura. La riconosciamo. La accettiamo. Ma non le cediamo il controllo. Non dobbiamo permetterle di decidere che cosa faremo e che cosa no.

Allo stesso tempo possiamo imparare a dominare la sua energia e a usarla per passare all'azione, in base alle circostanze in cui ci troviamo.

Quando lasciai il mio lavoro dopo tredici anni, all'inizio mi sentii come se avessi perso il braccio destro. Non avevo fatto altre esperienze professionali perché lavoravo lì da quando mi ero laureata.
Dopo aver pianto le mie perdite (vedere gli amici ogni giorno, le abitudini rassicuranti, un reddito fisso eccetera) cominciai a essere molto spaventata. Tuttavia lessi da qualche parte un detto che mi aiutò a prendere atto della paura e ad agire ugualmente.
Quella massima diventò il mio motto. Quando ero pietrificata all'idea di chiamare un perfetto sconosciuto per candidarmi a un altro posto, leggevo quelle parole e alzavo la cornetta.
Il punto è che in realtà la paura mi aiutò. Mi stimolò.
La situazione cambiò quando sfruttai al meglio quell'energia anziché lasciarmi assalire dall'ansia e dai timori.

L'indecisione

Come possiamo continuare a fare le cose quando non sappiamo che cosa è necessario fare né qual è la prossima iniziativa da prendere?

È successo quasi a tutti di restare prigionieri dell'indecisione, di non riuscire ad andare avanti né indietro e nemmeno a spostarsi di lato, rimanendo in sospeso ad aspettare o a cercare un segno che ci indichi la direzione migliore.

Può essere difficile decidere il passo successivo senza avere un obiettivo chiaro, perché spesso è quest'ultimo che genera entusiasmo ed energia. Ma quando la chiarezza viene a mancare, qual è la reazione migliore? Se siamo ancora indecisi dopo aver valutato la questione in ogni suo aspetto, quali possibilità ci restano? Possiamo aspettare e sperare che la decisione da prendere diventi ovvia. Possiamo riflettere sulla situazione, analizzarla e rimuginarci sopra.

Non possiamo decifrare la vita con la mente. La vita si capisce vivendola.

Anche quando ci illudiamo di aver compreso ogni cosa a livello intellettuale, la vita raramente si rivela una riproduzione perfetta della nostra visione mentale. Quando siamo indecisi, dobbiamo pertanto passare all'azione nonostante i dubbi e le perplessità. Dobbiamo andare avanti, anche se solo a piccoli passi. A prescindere dalla direzione che sceglieremo, probabilmente otterremo nuove informazioni e faremo nuove esperienze. Le nostre azioni hanno un effetto sul mondo. Cambiato punto di vista, anche la situazione potrebbe mutare o apparirci in una nuova luce. Immaginate che la vita sia un film. Siete a metà della visione e non avete idea di che cosa stia per accadere. *È giusto così*. La proiezione non è ancora finita. È questa la sfida lanciata dal demone dell'indecisione: siete in grado di andare avanti nonostante le incertezze? Sapete convivere con la confusione e il non sapere, e fare la mossa successiva?

I piccoli passi sono un approccio elegante all'indecisione perché ciascuno di essi ha ripercussioni sul mondo. La situazione non è mai identica da un giorno all'altro perché il mondo è un fluire dinamico. Dopo che avrete fatto un piccolo passo, ottenete nuove informazioni e potete considerare le circostanze da una prospettiva diversa.

Prima o poi può darsi che dobbiate prendere una decisione nonostante la mancanza di chiarezza e di fiducia in voi stessi. Sarete sopraffatti dall'ansia, vi chiederete se avete fatto la "scelta giusta" oppure no.

A un certo punto del percorso potreste anche rendervi conto che la "scelta giusta" non esiste. Ci sono soltanto l'azione che avete compiuto e la nuova situazione che ne deriva. Questa scoperta diventa uno strumento importante per tenere a bada il demone dell'indecisione. *La scelta giusta non esiste.* È più intelligente cercare di dare il meglio di sé in ogni circostanza che smarrirsi nell'ansia di fare la "scelta giusta".

Lo scoraggiamento

> *Un discepolo chiese a Soen Nakagawa durante un ritiro di meditazione: «Sono molto scoraggiato. Che cosa devo fare?».*
> *Soen rispose: «Incoraggia gli altri».*

Uno dei miei libri preferiti è la trilogia del *Signore degli anelli* di J.R.R. Tolkien. La missione della Compagnia dell'anello appare disperata. Le probabilità di successo sono pressoché nulle. Il nemico è forte, potente e astuto. La Compagnia, invece, è dilaniata da conflitti e tradimenti interni. A un certo punto alcuni membri del gruppo vengono uccisi, gli altri divisi e addirittura presi prigionieri. Questa storia è un vero e proprio trattato su come combattere lo scoraggiamento.

Di tanto in tanto capita a tutti di sentirsi scoraggiati. Siamo confusi e scombussolati oppure non ci sentiamo all'altezza della situazione. Che cosa facciamo? Possiamo semplicemente soccombere alla disperazione e permetterle di paralizzarci. Oppure possiamo chiedere ad altri – insegnanti, familiari, amici, ma anche libri, massime o frasi celebri – di condurci fuori dallo scoraggiamento. La soluzione che propone il maestro Zen Soen Nakagawa è totalmente diversa eppure assolutamente geniale: incoraggiare gli altri!

Come possiamo incoraggiare gli altri se siamo scoraggiati noi per primi? Normalmente pensiamo che chi è scoraggiato soffra e che chi lo incoraggia agisca per il meglio, che sia saggio e che sappia il fatto suo. Secondo Nakagawa Roshi però è proprio quando soffriamo che dobbiamo dare incoraggiamento agli altri. Il maestro non dice: «Prima riprenditi e poi incoraggia gli altri». È l'atto di incoraggiare gli altri a guarire il nostro scoraggiamento.

Il segreto alla base di questo metodo ha a che fare con l'*attenzione*.

Quando siamo scoraggiati, ci concentriamo solo su noi stessi. «La mia vita è così difficile. Non ho la forza. Sono deluso e demoralizzato. Non so cosa fare.» L'attenzione è puntata sulla nostra sofferenza. Se la paragonate a un fertilizzante, vi rendete conto che concentrandola sul vostro dolore lo aiutate a crescere e ad affondare le radici nella mente e nel corpo.

Per incoraggiare qualcun altro, invece, dovete soffermarvi sulle sue angosce. «Come mai la sua vita è così difficile? Qual è la natura dei suoi problemi? Come posso aiutarlo?» Quando date incoraggiamento agli altri, togliete nutrimento al vostro dolore.

Dove va a finire la sofferenza quando la ignorate?

San Francesco disse: «Fa' ch'io non cerchi tanto di essere consolato quanto di consolare». Questo e gli altri versi della sua preghiera esortano a spostare l'attenzione lontano da se stessi. Il fatto che la richiesta sia espressa sotto forma di supplica testimonia quanto sia difficile raggiungere questo obiettivo. Perciò possiamo esercitarci; a volte avremo successo, altre faremo fiasco. Se si fa fiasco troppo spesso, ci si scoraggia. E allora...

Il perfezionismo

> “*Consideratevi una causa persa. Passate all'azione ora, mentre siete nevrotici o imperfetti, oppure procrastinatori, morbosi, pigri o qualunque altra etichetta abbiate affibbiato erroneamente a voi stessi. Agite e siate il più imperfetti possibile, partendo dalle cose che volete fare prima di morire.*
>
> Shoma Morita

Il perfezionismo può impedirci di cominciare una cosa. Oppure, quando restiamo concentrati sulle imperfezioni del nostro operato, può impedirci di finirla. Vorremmo scrivere un libro perfetto, comporre una poesia perfetta, creare una scultura perfetta o persino piantare un giardino perfetto.

La consapevolezza del possibile fallimento può sfociare nell'incapacità di provare anche solo a fare ciò che desideriamo. Naturalmente, non pretendiamo sempre un risultato perfetto, ma non vogliamo commettere errori. In quanto esseri umani, tuttavia, siamo fallibili. Se riteniamo di avere un talento così straordinario da non dover sbagliare mai, pecchiamo di arroganza, un atteggiamento, a ben pensarci, strettamente legato al perfezionismo. Se siete convinti di dover ottenere sempre esiti ineccepibili, avete un'opinione molto alta di voi stessi. Se invece valutate le vostre capacità secondo criteri oggettivi, probabilmente scoprirete di essere umili e guarderete le vostre azioni da una prospettiva più realistica.

Un problema spesso legato al perfezionismo è l'incapacità di completare le cose o il rischio di ultimarle con notevole ritardo. Non siamo disposti a dire «Ho finito» e a consegnare il nostro lavoro al mondo perché continuiamo a vedere un margine di miglioramento. In alcuni casi ciò causa grossi problemi a coloro che aspettano quel lavoro entro una certa scadenza.

Qual è il modo migliore per superare il perfezionismo?

Prima di tutto capire che gli errori sono inevitabili. Molte volte l'errore è meno importante di ciò che fate dopo averlo commesso.

Forse vi sentite scoraggiati, demoralizzati o in collera con voi stessi, ma ormai dovete semplicemente reagire alla nuova realtà: che azione devo intraprendere *ora*?

Secondo lo psichiatra Rudolf Dreikurs, «essenziale non è la preoccupazione per l'errore che abbiamo commesso, bensì la determinazione a soddisfare le esigenze del momento». Ovvero, il metodo più efficace per affrontare il demone del perfezionismo è accettarlo come ideale, ma essere realistici riguardo alle proprie capacità e rassegnarsi alla possibilità di sbagliare o fallire.

La televisione

Forse vi ha stupito trovare la televisione nella lista dei "demoni". Al contrario degli altri, ha un corpo, una forma fisica. Collocata in salotto o in camera da letto, ha un'aria innocua (quando è spenta), ma la passività che genera la trasforma in un apparecchio davvero pericoloso.
Naturalmente c'è la finalità commerciale per cui è nata, che risveglia desideri incessanti nella nostra mente (e in quella dei nostri figli). Poi c'è la pessima qualità di gran parte dei programmi, che intorpidiscono il cervello e appiattiscono lo spirito. Ma soprattutto c'è la passività, le cui conseguenze sono sprechi di tempo, sogni perduti, potenziale inutilizzato, vite per procura, corpi sovrappeso, menti prive di stimoli, opportunità sfumate e distacco dalla famiglia, dagli amici, dalla natura e dalla realtà.

Molti di noi si sono abituati facilmente alla tv da ragazzi, crescendo in case dove lo sfarfallio dello schermo televisivo era un dato di fatto. Gli italiani passano in media quattro ore e venti minuti al giorno davanti al televisore, ma in altri Paesi (come gli Stati Uniti) si arriva a sei-otto ore. I suoni della televisione variano molto, certo, ma molte persone sviluppano un forte attaccamento al chiacchiericcio vivace e allegro che riempie uno spazio altrimenti vuoto o carico di tensione. Possiamo addirittura affezionarci ai personaggi televisivi, individui affascinanti, bellissimi, spiritosi e così familiari da essere rassicuranti. Amiamo seguire le loro disavventure, con i piedi appoggiati sul tavolino e la nostra vita temporaneamente in standby.

Un insegnante di Ottawa, Les MacFarlane, così racconta una delle esperienze che anni fa lo aiutarono a "liberarsi del vizio" della televisione: «Un esercizio davvero utile fu scrivere il mio elogio funebre. Nella vita che avevo creato per me stesso attraverso il testo non si leggeva da nessuna parte: «Les MacFarlane era un fanatico della televisione che ha visto ogni episodio dei Jefferson… due volte». Mi resi conto delle cose che volevo fare: essere un padre e un marito responsabile, praticare più assiduamente lo Zen e diventare scrittore. Per la prima volta capii che la televisione era un ostacolo al raggiungimento di quegli obiettivi.»

Spesso guardiamo la tv per diverse ore al giorno con il pretesto di "rilassarci" e poi minimizziamo l'effetto che essa ha sulle azioni importanti da compiere nella vita. Una mia studentessa ha calcolato la quantità di tempo che aveva passato davanti al televisore nei cinque anni precedenti. Quattromila ore complessive, l'equivalente di andare al lavoro ogni mattina per cinquecento giorni di fila e non fare nulla a parte guardare la televisione. Poi fu invitata a compilare una lista delle attività significative con cui avrebbe potuto riempire quelle ore. Senza tv, la sua vita sarebbe stata molto diversa in quegli anni.

Oltre al tempo che la televisione ruba alla vita, questo demone ricorre a una strategia ancora più raffinata. Accorcia infatti l'arco dell'attenzione, rafforzando così un altro demone: la noia. Il dottor Matthew Dumont ha scritto nell'"American Journal of Psychiatry" che «a parte il contenuto rapido e violento dei programmi, ci sono variazioni incessanti di inquadratura e messa a fuoco, cosicché il punto di riferimento dello spettatore si sposta a intervalli di qualche secondo. Questa tecnica predispone letteralmente ad avere un arco di attenzione corto».

Se la tv svolge un ruolo troppo importante nella vostra vita, se vi tiene svegli fino a tardi o se vi manda in trance troppo spesso, provate a mettere in pratica uno di questi accorgimenti:

- mettete il televisore nello sgabuzzino per un mese. Se volete, tiratelo fuori non più di una volta la settimana per guardare un solo programma e poi rimettetelo via;
- sbarazzatevene del tutto.

L'alternativa alla tv è riempire il tempo con la vita reale.

Entro il prossimo anno avrete portato a termine molte più cose e liberato spazio sulla parete o sul pavimento.

La noia

> “*La monotonia è la legge della natura.*
> *Pensate a quanto è monotono il sorgere del sole.*
>
> Mahatma Gandhi

Quando mi dedico a un'attività emozionante come il rafting, generalmente non ho nessuna difficoltà a concentrarmi su ciò che sto facendo. Nei momenti in cui mi lascio trascinare dalla corrente impetuosa è improbabile che la mia mente si distragga. L'attenzione si fissa spontaneamente sulle onde e sul gommone. In quegli istanti carichi di tensione è difficile che qualcos'altro susciti il mio interesse. I problemi di soldi, salute e lavoro passano in secondo piano. L'entusiasmo generato dalla novità di questa esperienza è quasi impossibile da uguagliare.

In quelle occasioni sono anche più propenso a fare ciò che va fatto, quantomeno al meglio delle mie capacità. Il potentissimo binomio tra concentrazione e chiarezza di idee si traduce in azione con naturalezza e disinvoltura. Se si aggiunge il fatto che tutto ciò sfocia in un impegno sincero e diligente da parte mia, si ottengono gli ingredienti ideali per ultimare un incarico, per fare ciò che siamo chiamati a fare.

Anche quando l'ambiente è più tranquillo di un fiume pieno di rapide, se è nuovo non avrà difficoltà ad attirare la nostra attenzione. Una delle ragioni per cui viaggiare è così appagante è che, almeno in certa misura, ci allontaniamo dalla nostra visione egocentrica. Circondati dall'ignoto, i nostri sensi si acuiscono. Per chi viene dal Nord degli Stati Uniti è più facile notare i dettagli dell'architettura e della vegetazione a New Orleans.

Ma ovviamente è vero anche il contrario. Sulle strade familiari della nostra città, la mente inizia spesso a vagare in cerca di spunti più interessanti e stimolanti. Non di rado prestare attenzione a ciò che già si conosce richiede uno sforzo più intenso. La mente, soprattutto se è abituata a un alto livello di distrazione e stimolazione costante, fatica ad acquietarsi. Restare concentrati su un compito può sembrare ben presto monotono o noioso, e l'energia viene meno.

Di solito il demone della noia ricorre allo strumento della distrazione. Convince la mente a soffermarsi su qualcos'altro anziché su ciò che dobbiamo fare. Se nel mondo esterno non c'è nulla di interessante, ci seduce con le fantasticherie, i pensieri e le idee del mondo interiore. Benché agisca sulla mente, il suo scopo ultimo è modificare le azioni del nostro corpo. Dunque possiamo sconfiggerlo sul confine tra le due dimensioni.

Ogni volta che ci distrae possiamo contrattaccare riportando l'attenzione su ciò che dobbiamo fare. Alla fine, mantenendo l'autocontrollo sul nostro comportamento, avremo la meglio. Se non smettiamo di scrivere la relazione o lavare i piatti, possiamo dimostrarci tenaci quanto la noia e portare a termine il compito. Come con la paura, la strategia è convivere con il pensiero e con l'emozione del tedio senza interrompere l'azione in corso.

La chiarezza di idee è determinante per combattere questo demone. Sopportare l'esperienza della noia è più semplice quando si ha ben chiara la ragione per cui occorre farlo. Se sono a metà di un progetto tedioso e ormai ho esaurito anche il poco interesse iniziale, la mia più grande salvezza è comprendere perché valga la pena ultimarlo.

La noia può anche essere segno del fatto che non prestiamo attenzione ai dettagli dell'azione. Quando ci concentriamo sui particolari, spesso la curiosità si risveglia. Al ToDo Institute abbiamo una collezione di piccoli microscopi portatili, che portiamo con noi quando facciamo delle escursioni nei boschi. Ci si può fermare in un punto e studiare al microscopio per tre quarti d'ora oggetti che altrimenti passerebbero inosservati. Il muso di un ragno. La corteccia di un albero. Un filo d'erba o la trama del tessuto di un paio di jeans. La curiosità è una strada che conduce ai dettagli, e i dettagli sono l'antidoto alla noia.

Come ha scrittoThomas Merton, il lavoro non può essere sempre gratificante né può non essere anche monotono. Ma qualsiasi lavoro, una volta che lo abbiamo portato a termine, assume un senso e ci dà soddisfazione proprio per aver fatto una cosa che era da fare.

La difficoltà

“A volte cerchiamo di sfuggire da una cosa che dobbiamo fare, e che non ci piace, perché pensiamo sia troppo difficile. Ma scopriamo se siamo “in grado” di farla oppure no solo quando la affrontiamo direttamente.

Hiroaki Masuda

Quando diciamo che una cosa è "troppo difficile" da fare, che cosa significa veramente? A meno che non abbiamo già iniziato il lavoro e dato tutti noi stessi, intendiamo che non siamo all'altezza dell'incarico. I pensieri, tuttavia, non sono realtà, perciò non è detto che siano attendibili.

Spesso la mente traccia dei confini tra ciò di cui siamo e ciò di cui non siamo capaci, ma di rado essi rispecchiano ciò che riusciamo a fare davvero quando ce la mettiamo tutta. In sostanza, *la mente sottovaluta ciò che il corpo può fare*.

Il demone della difficoltà cerca di convincerci a restare sempre nella "zona di sicurezza". Quando ci dedichiamo a compiti di cui abbiamo già dimestichezza, di solito possiamo restare tranquillamente all'interno di questa sfera. Durante i programmi di formazione al ToDo Institute chiediamo ai partecipanti di non usare prodotti di origine animale nei pasti che preparano. Per obbedire a questa regola ripiegano facilmente su una cena a base di pasta con salsa marinara e di insalata. Così li incoraggiamo a uscire dalla zona di sicurezza e a provare qualcosa di nuovo, un piatto che non hanno mai cucinato prima, per esempio una specialità cinese o thailandese. La prima reazione è: «Santo cielo! Non so nulla di cucina thailandese. Siete pazzi?». Ma questo pensiero è semplicemente il demone della difficoltà che vuole persuaderli a restare nella zona di sicurezza.

Per sconfiggere questo demone dobbiamo correre il rischio di fare le cose che stimolano emozioni di disagio, paura, ansia e confusione. Dobbiamo acquisire la capacità di convivere con questi sentimenti quando affrontiamo un compito nuovo o complicato. Dobbiamo accettare la possibilità di fallire o di commettere errori e dobbiamo procedere con cautela, ma non dobbiamo fermarci.

Il demone della difficoltà si annienta facilmente a suon di ripetuti successi. Ci è apparso per la prima volta da bambini quando abbiamo provato a camminare, ma la curiosità e la "mente del principiante" non avevano nessuna intenzione di permettere che ci costringesse a gattonare per il resto della vita. Riusciamo a ritrovare la stessa curiosità e la stessa mente del principiante quando prendiamo in considerazione l'idea di imparare a suonare il pianoforte o di riparare gli ingranaggi della bicicletta?

In alcuni casi la valutazione della difficoltà di un compito si fonda principalmente sulla sua complessità. Esaminiamo l'incarico generale – scrivere un libro, per esempio – e concludiamo che è irrealizzabile, fuori dalla nostra portata. Un libro, tuttavia, vede la luce grazie a una lunga serie di piccole operazioni e decisioni, ciascuna presa singolarmente, nel suo istante preciso. Se riuscite a scrivere una pagina, siete in grado di scrivere anche un capitolo. Se riuscite a scrivere un capitolo, forse potete arrivare a tre. Se riuscite a scriverne tre, può darsi che finiate il libro.

Il demone della difficoltà è implacabile. Forse perde una battaglia, ma poi torna e sceglie un contesto diverso. Non sprecate tempo con il dialogo interiore, cercando di convincervi ad avere fiducia in voi stessi, o con i metodi artificiali per aumentare l'autostima. Il demone ha già studiato contrattacchi accurati per queste mosse. Semplicemente andate avanti e passate all'azione. Siate tenaci. In alcuni casi il risultato che raggiungete è diverso da quello che speravate ma, indipendentemente dall'esito, potete tenere a bada questo demone buttandovi anima e corpo nel progetto, dimostrando che non vi lasciate intimidire dai dubbi e dalla paura delle difficoltà.

Per combattere questo nemico occorre dimostrargli che si è sbagliato.

Ultimo ma non ultimo

Non siate semplici spettatori

Pensate a tutte le volte che siete semplici spettatori. Quando leggete libri scritti da altri. Quando guardate film girati da altri. Quando assistete alle partite di calcio dei vostri figli o nipoti. Quando seguite serie televisive o grandi eventi sportivi. Quando leggete una poesia. Quando ascoltate un audiolibro sulla consapevolezza. Tutto ciò che leggete, guardate e ascoltate implica un processo creativo cui probabilmente ha partecipato più di una persona, e voi avete la possibilità di vedere il risultato, di esserne spettatori. Non c'è nulla di male in questo. Potete applaudire e incitare. Forse ridete o addirittura imparate qualcosa., ma sostanzialmente… *restate seduti a guardare*. Siete in uno stato di passività. Osservate l'energia creativa di qualcun altro, i frutti della sua immaginazione ed esperienza.

Che fine hanno fatto la vostra fantasia e creatività? Trovate il tempo di esprimervi, di mostrare al prossimo la vostra esperienza, le vostre idee e creazioni incompiute?

Siamo sinceri. È più facile essere spettatori.

È più facile leggere un libro che scriverlo, guardare una partita di basket anziché giocarla, ascoltare una canzone piuttosto che comporla.

Perché non create qualcosa di vostro? Perché non aggiungete qualcosa all'universo? Oggi stesso. Potreste partire da un endecasillabo o magari da un disegno. Oppure potreste cominciare la trapunta che avete in mente da anni o buttare giù la melodia della canzone che vi risuona in testa a ogni semaforo.

Non fingete di non avere creatività. Ne avete da vendere, come tutti. Solo che è difficile fare il primo passo quando non si è sicuri di che cosa fare e di come farlo. Non lasciate che questo vi fermi e, qualunque cosa facciate, non fingete di non avere tempo perché il lavello è pieno di piatti sporchi. Dimenticate le stoviglie da lavare e i peli del cane sulla moquette.

Concedetevi dieci minuti per fare qualcosa di creativo, qualcosa che vi risvegli i neuroni e li getti in uno stato di caos. Di tanto in tanto, infatti, hanno bisogno di uno scossone. Fa bene a loro, a voi e al resto del mondo.

Ringraziamenti

La vita di mio padre è stata la fonte d'ispirazione che mi ha indotto a scrivere questo libro, e la sua morte, avvenuta nel gennaio del 2014, il catalizzatore che mi ha portato a pubblicarlo il prima possibile. Grazie, papà, per avermi ricordato il fatto, triste ma importante, che ogni vita umana arriva al capolinea.

Un ringraziamento speciale va a mia madre per avermi messo al mondo. Dove sarei senza di te?

C'è una donna, Linda, che nella mia vita svolge diversi ruoli: moglie, editor, collega, nutrizionista, madre dei miei figli, membro del consiglio d'amministrazione del ToDo Institute eccetera. Ha scritto un saggio per questo volume e ha anche corretto le bozze. Grazie, Linda, per avermi accompagnato in questo viaggio negli ultimi ventisei anni.

Non posso non menzionare i tre uomini che hanno ideato i metodi alla base di quest'opera: il dottor Shoma Morita per la terapia omonima, Ishin Yoshimoto per il Naikan e W. Edwards Deming per il Kaizen. Sono riconoscente a ciascuno di loro e alle forze karmiche che mi hanno permesso di imbattermi nelle loro idee e nei loro scritti.

A David Reynolds va il merito di aver importato gli approcci di Morita e di Yoshimoto negli Stati Uniti e di aver tradotto i loro testi in inglese. È stato lui il primo a introdurmi al loro lavoro. Grazie, David.

Un piccolo gruppo di maestri buddhisti ha avuto una profonda influenza sulla mia concezione della psicologia e della spiritualità: Pema Chödrön, Charlotte Joko Beck, Dzigar Kongtrul, Thich Nhat Hanh, Taitetsu Unno e il reverendo Kenryu Tsuji, che è stato il mio insegnante personale per undici anni. Grazie a tutti per aver espresso i vostri pensieri e la vostra saggezza con parole così eloquenti. Un profondo inchino anche a Eknath Easwaran, un maestro di meditazione i cui scritti sulla consapevolezza sono tra i più istruttivi che abbia mai letto.

La mia assistente Nancy Martin ha portato a termine il compito di dare una forma definitiva al volume. È una donna capace, geniale e premurosa, con uno splendido senso dell'umorismo. La sua presenza e il suo sostegno hanno arricchito notevolmente il testo. Grazie.

Chi è stato fedelmente con me per tutto il tempo non è un essere umano, ma il mio golden retriever Barley. Mi ha dato un pretesto per alzarmi e fare una passeggiata ogni volta che restavo seduto per troppo tempo. È una delle cose più intelligenti che uno scrittore possa fare. Grazie, Barley.

Queste poche righe di ringraziamenti non scalfiscono neppure la superficie. Ci sono uomini che hanno vissuto secoli fa – saggi come Lao Tzu e poeti come Issa –, i cui scritti mi hanno toccato profondamente.

Ci sono poi oggetti come il mio portatile, gli occhiali e la tazza da caffè che sono stati compagni fedeli quando lavoravo di prima mattina. Ci sono forme di energia come l'elettricità e il calore che hanno rinvigorito la mia capacità di trasferire le idee dalla mente alle pagine. Rinunciate a una qualunque di queste cose, e scrivere un libro diventa molto più difficile.

Infine, ci sono i benefattori e i membri del ToDo Institute che mi permettono di fare questo lavoro da oltre vent'anni. Spero che questo volume sia almeno un piccolo anticipo sull'enorme debito che ho contratto con tutti voi.

L'autore

Gregg Krech è una delle massime autorità sulla psicologia giapponese nell'America del Nord, oltre che il fondatore e il direttore del ToDo Institute, un centro educativo per la vita fattiva con sede nel Vermont.
È autore del pluripremiato *Naikan: Gratitude, Grace & the Japanese Art of Self-Reflection* (Stone Bridge Press 2002), tradotto in cinque lingue, e direttore di "Thirty Thousand Days: A Journal for Purposeful Living". I suoi scritti sono comparsi in numerose pubblicazioni. Possiamo ricordare un'intervista in "The Sun" e articoli in "Tricycle", "Self", "Utne Reader", "Fitness", "Counseling Today", "Cosmopolitan" ed "Experience Life".
Gregg tiene conferenze in tutto il mondo per vari tipi di pubblico, dagli psicologi agli esperti di Zen. È intervenuto a congressi nazionali su argomenti come la psicologia buddista, la consapevolezza, la psicoterapia e il disturbo da deficit dell'attenzione. Tra i suoi volumi figurano anche *A Natural Approach to Mental Wellness* (ToDo Institute 2011) e *A Finger Pointing to the Moon* (ToDo Institute 1996, 2007).

Con i libri, i corsi a distanza e i ritiri ha introdotto migliaia di persone a una concezione della vita che pone l'accento sullo sviluppo del carattere anziché sull'alleviamento dei sintomi, e continua a incoraggiarle a fare qualcosa di significativo nonostante i limiti e i problemi.

Ha fatto volontariato nei campi profughi della Thailandia, dove ha lavorato con i bambini orfani. Ha adottato due splendide bambine, una cinese e l'altra vietnamita. Le sue passioni sono l'escursionismo, il pianoforte, la poesia *haiku* e il basket. Attualmente è ospite fisso del ToDo Institute con la moglie Linda, le figlie Chani e Abbie e il golden retriever Barley.

Potete inviargli i vostri commenti direttamente via e-mail:
gregg@todoinstitute.org

e leggere altri testi sul suo blog *Thirty Thousand Days*:
www.thirtythousanddays.org

“*Cerco ciò che va fatto.*
Dopotutto, è così che l'universo inventa se stesso.

R. Buckminster Fuller

Gli attori non protagonisti

L'aiuto redattrice

Nancie S. Martin *ha firmato quattro libri di saggistica, un volume di poesie e centinaia di articoli per riviste e giornali. Ha tenuto corsi di scrittura per adulti e bambini e diretto numerose pubblicazioni nazionali e locali.*

I *contributors*

Trudy Boyle *vive a Ottawa, dove si diverte ad accudire i nipotini, scrivere, fotografare, andare in bicicletta, a dire SÌ a familiari, amici e dove si occupa anche di importanti questioni di cuore. Due volte l'anno organizza un programma basato sulla* Meaningful Life Therapy *(Mlt) per malati di cancro al Wellspring Calgary, dove prima era la responsabile dell'iniziativa.*

Linda Anderson Krech è *un'operatrice socio-assistenziale che scrive regolarmente per* Thirty Thousand Days *ed* è *autrice di* Little Dreams Come True. *Prima di entrare a far parte dello staff del ToDo Institute ha diretto programmi di riabilitazione psichiatrica integrandoli con la terapia Morita e il Naikan. Studia e insegna psicologia giapponese da venticinque anni.*

Jennifer Bucko Lamplough è *istruttore capo al Robert Morris University Institute of Culinary Arts nell'Illinois e coautrice di tre ricettari dell'American Diabetes Association. Ha conseguito un diploma di cuoca professionista, una laurea in giornalismo e un master. Ha partecipato come chef ospite a diversi programmi televisivi e radiofonici (www.fitfoodiechef.com).*

Kate Manahan *vive con il marito e due figli adolescenti a Kennebunk, nel Maine. Tra le altre cose, lavora come consulente per le scuole pubbliche e* *conduce una trasmissione radiofonica settimanale con interviste a immigrati e rifugiati (www.NewMainersSpeak.com).*

Margaret McKenzie è *una vecchia amica e collega del ToDo Institute, nonché un'ex direttrice associata di* Thirty Thousand Days. *Fa l'assistente sociale e la maestra di Zen, e vive nei sobborghi di Chicago. Al momento aiuta individui e famiglie alle prese con disturbi legati alla terza età e con malattie croniche.*

Donella Meadows *(1941-2001) fu una pioniera delle scienze ambientali e una scrittrice. Il suo libro* I nuovi limiti dello sviluppo *(1972) ha venduto milioni di copie ed è stato tradotto in ventotto lingue. Fu tra le principali voci del "Movimento per lo sviluppo sostenibile" e insegnò al Dartmouth College per ventinove anni. Nel 1997 fondò il Sustainability Institute, che promosse la creazione di un villaggio ecologico e di una fattoria biologica a Hartland Four Corners, nel Vermont. Riproduzione autorizzata.*

Commenti su *L'arte di passare all'azione. Lezioni di psicologia giapponese per smettere di rimandare*

*Nell'**Arte di passare all'azione**, oltre a sottolineare l'importanza dell'azione nella vita, Gregg Krech propone un metodo per decidere che cosa realmente "andrebbe fatto" e per poi superare gli ostacoli che impediscono di andare fino in fondo. Per fortuna, l'autore non solo comprende quali siano gli strumenti necessari per fare il primo passo e proseguire il cammino, ma possiede anche la capacità di rendere la saggezza giapponese accessibile e interessante da leggere.*

MORRIS SEKIYO SULLIVAN,
sacerdote buddhista

***L'arte di passare all'azione** è il miglior libro che abbia mai letto sull'acquisizione di abitudini e sulla formazione del carattere. La visione d'insieme è eccezionale, con numerosi esempi sugli ostacoli con cui le persone si scontrano quando cercano di cambiare. Un volume eccellente, che presenta la psicologia orientale all'Occidente con un approccio assai pratico.*

YING STUDEBAKER,
ex direttrice del Wellness and Health Coaching,
Ohio State University Health Plan

***L'arte di passare all'azione** vi aiuterà a fare proprio questo! Se siete invischiati nel pantano della vostra mente, questo prezioso libro vi indicherà la via d'uscita.*

SUSAN BOURGERIE,
Loring Psychotherapy and Mindfulness Center

L'arte di passare all'azione *rappresenta un delicato approccio per gestire le relazioni disfunzionali che sono alla radice di molti disturbi psichiatrici. Propone un metodo conciso e pratico per adottare un atteggiamento compassionevole anche negli abissi della disperazione.*

DR. ROBERT STRAYHAN

L'arte di passare all'azione *è la porta di accesso, aperta a tutti, per una vita piena di soddisfazioni e gratificazioni.*
Un libro di cucina per l'esistenza, che contiene consigli e ricette capaci di nutrire voi e chi vi circonda.
Esamina le difficoltà che affrontiamo quando cuciniamo la nostra vita ed è il miglior volume sull'argomento che abbia mai letto.

RON HOGEN GREEN,
maestro Zen, Mountains and Rivers Order

*Nell'**Arte di passare all'azione** Gregg Krech costruisce una serie di cavi per ricaricare le batterie dei progetti di ogni tipo. Una volta che il progetto si mette in moto, l'autore usa l'arguzia e una saggezza spirituale senza tempo per dare al lettore una mappa per l'intera durata del viaggio.*

VICTORIA REGISTER-FREEMAN,
scrittrice, *Love Stories from the Bible*

L'Arte di passare all'azione *è un invito ad abbandonare l'analisi e la teoria e a dedicarci a ciò che occorre fare nella vita.*
Questi principi sono sicuramente stati importanti nel corso della mia esistenza e in quella dei miei pazienti.
Consiglio caldamente questo testo a tutti.

HENRY MCCANN,
esperto di agopuntura e di medicina orientale

L'arte di passare all'azione *è un libro pratico e ricco d'ispirazione per riuscire a realizzare una vita attiva e proficua. Nel mondo delle responsabilità quotidiane verso la famiglia, il lavoro e la comunità, è una guida utile per andare avanti con impegno e riconoscenza e rappresenta un delicato contrappeso alla pratica contemplativa.*

REVERENDO WILLIAM MASUDA,
ministro di culto buddhista shin

Basato sul Kaizen, sul Naikan e sulla terapia Morita, ***L'arte di passare all'azione*** *propone metodi peculiari ed efficaci per muovere i primi passi e per raggiungere i più alti traguardi che ci prefiggiamo nella vita.*

CLARK CHILSON,
docente di studi religiosi

Se vi ritrovate paralizzati dall'indecisione, fate un piccolo passo e acquistate questo libro. Krech dà suggerimenti pratici per farsi strada nella vita con garbo e compassionevole determinazione anche quando non si è del tutto sicuri di come procedere.

DAVID GLASSBERG,
docente di storia

Questo volumetto, pieno di intuizioni pratiche, saggezza e umorismo, vi spingerà a mettervi in marcia e a proseguire il cammino, tenendovi compagnia lungo la strada. Caldamente consigliato.

ANGELA WINTER,
cantante/scrittrice

Note e riflessioni